KB142242

실전 사례로 배우는
챗GPT
활용법

실전 사례로 배우는 챗GPT 활용법

김영안·김재금·류승열 지음

AONEBOOKS 에이원북스

인터넷 이후의 최고의 혁신, 인공지능 챗GPT

최강 도우미로 잘 부려먹는 실용서

오늘부터 챗GPT를 나의 비서로 채용한다

WHERE: 활용 사례

WHEN: 향후 전망

잘 아시다시피 챗GPT는 미국에서 무료 서비스 사용자에게 공개
된 지 불과 두 달 만에 월간 사용자 1억 명 이상을 돌파하는 등
엄청난 반향을 일으키고 있습니다. 국민 메신저라고 했던 '카카
오톡'이 서비스를 개통한 지 3년 3개월 만에 가입자 1억 명을 넘
어선 것과 비교하면 엄청나게 빠른 속도입니다. 하지만 이건 시작
에 불과할 정도로 챗GPT는 더 확산될 거라고 확신합니다. 이 저
서가 독자들을 새로운 세상으로 안내하는 디딤돌 역할을 할 거
라고 믿습니다.   송석준 | 국민의힘 국회의원

오픈에이아이Open AI의 생성형 대화 인공지능AI 서비스 '챗GPT

ChatGPT'가 기존 AI 서비스의 한계를 넘어선 실용성을 입증하면서 우리나라를 비롯해 전 세계적으로 주목을 받고 있습니다. 이런 상황은 지난 2007년 등장했던 아이폰에 버금가는 '게임체인저' 이상이 될 것이라 확신합니다. 하루빨리 우리나라에서도 이러한 선진 기술이 개발되어 보급되기를 기대합니다. 특히 사례 중심으로 쉽게 풀어쓴 이 책을 많은 독자들이 읽어서 그동안 쌓아온 대한민국의 첨단 정보화 사회로 더 나아가게 하길 기원합니다.

장동혁 | 국민의힘 국회의원

인공지능 챗GPT에 지나치게 의존해서는 안 된다. 하지만 우리에게 필요한 정보를 적기에 대화로 알려주는 장점이 있는 것은 사실이다. 주어진 정보를 판단하여 사용하는 것은 사용자의 몫이다. 이 책은 챗GPT의 장단점과 미래의 방향성과 우리가 나아가야 할 길을 제시해 줌으로써 생성형 AI에 대한 개념을 쉽게 설명하고 있다.

장호성 | 단국대학교 이사장

생성형 AI인 챗GPT는 등장으로 교육현장에서 학습에 드는 시간과 비용을 획기적으로 절감해 줄 뿐만 아니라 지식 획득을 위한 인간의 학습 과정을 대부분 줄이거나 없애줌으로써 지식경제

의 생산성을 획기적으로 향상시키면서 디지털 대전환을 촉진시킬 것으로 확신합니다.   조선영 | 광운대학교 이사장

생성형 AI를 잘 활용하는 사람과 그렇지 못한 사람의 차이는, 스마트폰을 잘 쓰는 사람과 못쓰는 사람의 차이 이상이 될 것이다.
　생성형AI를 대중화한 챗GPT 사용법은 간단하여 배울 것도 없이, 해 보면 된다. 하지만 잘 활용하는 것은 또 다른 문제로 그 특성과 한계를 잘 이해할 필요가 있다. 실전 사례 중심으로 단계적으로 풀어가는 이 책은 챗GPT를 잘 사용하는 방법을 익힐 수 있는 좋은 길잡이다.   조규곤 | FASOO 대표이사

인공지능 AI가 논문이나 리포트를 대신 작성해 준다는 잘못된 오해는 버려야 한다. 챗GPT는 연구와 학습을 보조하는 학습 도우미다. 이 책은 챗GPT를 효율적으로 활용하는 방법을 사례별로 잘 설명하고 있다. 챗GPT 활용에 의구심이 든다면 꼭 한 번 읽어 보기를 권한다.   정윤세 | 단국대학교 교수, 경영학박사

치열한 경쟁 속에서 중소기업은 정보 수집과 분석에 있어 인력과

역량 측면에서 대기업에게 뒤질 수밖에 없다. 챗GPT와 바드의 특징을 비교해 가며 알기 쉽게 정리하고, 실제 사용 사례를 통해 생성형 AI의 활용 방법을 제시하고 있다. 챗GPT나 바드와 같은 생성형 AI에 관심 있는 사람들에게 바로 시작할 수 있는 실용서로서 추천한다.

박세훈 | Cool and Light 대표이사

은퇴를 앞두고 무엇을 해야 할지 막막했다. 우연히 알게 된 챗GPT의 도움으로 작은 가게를 큰 시행착오 없이 창업할 수 있었다. 디지털 세대가 아니어서 챗GPT를 익히는데 고생을 많이 했다. 이 책이 조금 더 빨리 나왔으면 그런 고생을 덜 했을 것이다. 초심자들에게 좋은 가이드북이라 생각한다.

우창훈 | 은퇴창업자, 전 대학교 교직원

단순한 호기심에 뒤적이다 끝까지 읽었다. 챗GPT뿐 아닌 다른 인공지능 AI도 함께 다루면서 내가 보지 못한 견해를 알려준다. 현실성 있는 스토리로 풀어나가 지루함이 적고, 나의 활용 방향을 잡아보기 좋은 책이다. 처음 챗GPT 접한다면 단순한 사용법 책보다 이 책을 권하고 싶다.

류마리솔 | MZ 세대 약국 약사

챗GPT는 인터넷 발명만큼 중요한 혁신이다.

: 빌 게이츠

실전 사례로 배우는 챗GPT 활용법

정말 센 놈이
나타났다

'이 기계는 폭발하지 않습니다.'

　1970년대 영국 옥스포드 대학에서 처음 개인용컴퓨터PC 사용법을 가르치는 강사가 첫 강의를 시작하면서 한 말이다. 사람들은 누구나 새로운 것에 대해 두려움을 가지고 있다. 혹 잘못 건드리면 무슨 좋지 않은 일이 생기지 않을까 하는 걱정이 앞선다. 그래서 강사가 맨 처음 해야 할 임무는 수강생들의 두려움을 없애주는 것이다. '두려워하지 말고, 아무거나 눌러 보세요.'라고 말하자, 쭈뼛거리던 학생들은 하나 둘 눌러보고 아무런 이상이 없는 것을 확인하고, 그제서야 안도의 눈빛으로 강의를 진지하게 듣기 시작했다. 강사는 무사히 컴퓨터 사용교육을 끝마쳤다.

　그동안 우리는 인공지능에 관한 것은 공상영화에서만 접했다. 그러다 IBM의 인공지능 딥블루Deep Blue가 1997년 5월 체스 세계 챔피언인 카스파로프에게 승리했다는 뉴스를 해외 토픽으로만 접했다. 2016년에 바둑의 천재 이세돌과 인공지능 바둑 프로그램 알파고AlphaGo의 대결을 TV로 생 중계하면서 인공지능의 존재감을 일반에게 알렸다. 알파고가 이세돌에게 1패 한 것이 유일한 패배이다. 그 후로 알파고는 더욱 진화해서 2017년 세계 1위인 중국의 커제柯洁에게 완승을 했다. 이 대결로 인공지능의 위력을 전 세계에 알린 것이다.

그런데 이번에는 정말 센 놈이 나타났다! 그동안 특정분야에서만 사용되었던 인공지능이 일반에게도 공개된 것이다. 똑똑한 인공지능 챗봇Chatbot인 챗GPT이다. 챗GPT의 등장으로 사용자 수가 급격히 증가해 폭발적인 관심을 끌고 있다. 챗GPT 열풍으로 인간의 여러 분야로 영향력을 확대한 인공지능이 이제 본격적으로 우리 생활 영역에도 깊숙이 들어온 것이다. 그래서 인공지능에 대한 다양한 서적들이 서점가를 휩쓸고 있지만, 대부분이 전문가 중심의 기술 해설이나 특정분야의 적용사례 중심의 책들이다.

챗GPT는 바이든 대통령까지도 직접 사용해 봤다고 할 정도로 우리와 아주 가까운 곳에 와 있다. 이제는 일반인들도 챗GPT를 가까이하여 일상생활에 도움을 받을 때가 된 것이다. 세종대왕께서는 백성들이 의사소통을 제대로 하지 못하는 것을 불쌍

실전 사례로 배우는 챗GPT 활용법

히 여기시어 새로운 문자를 만드셨다. 이름하여 훈민정음訓民正音이라고 하시었다. 백성에게 가르치어[훈민] 누구나 쉽게 익혀서 유용하게 사용하여 바른 소리[정음]를 내라는 뜻이다. 이와 마찬가지로 누구나 챗GPT를 쉽게 이해하고 활용할 수 있도록 잘 안내해 줄 수 있는 실용서가 필요하게 되었다.

《논어論語》에 '학이시습지 불역열호야學而時習之 不亦說好也'라는 공자의 말씀처럼 '배우고 익히면 즐겁지 아니하랴!'

주저하지 말고, 지금 바로 해 보자!
Let's try it now!

김영안, 김재금, 류승열 드림

WHO
정의

1 ⚙ 챗GPT 란?

챗chat은 사전적 의미로 '떠들다', '잡담하다'의 뜻이다. 여기에서는 '이야기하는' 또는 '대화하는' 의미로 사용된다. G(generated)는 '생성된', P(Pre-learned)는 '사전에 학습된', T(Transformer)는 '변환기'를 의미한다. 다시 말하면, 챗GPT는 사전에 학습으로 훈련을 받은 대화하는 생성형 변환 챗봇chatbot이다. 챗GPT-4는 오픈AI가 2022년 11월 내놓은 최신의 대규모 언어 모델이다. 개발회사인 오픈AI는 GPT-4 모델이 미국 대학 입학 자격시험SAT 등 많은 전문적인 시험에서 상위 10%에 들 정도로 인간 수준의 능력을 보여줬다고 설명하고 있다.

챗GPT에 대한 질문

두가지 형태로 질문해 보았다.

Q. 챗GPT 너는 누구냐?

A. 안녕하세요! 저는 챗GPT, OpenAI에서 개발한 인공지능 언어 모델입니다. 대화를 통해 여러분의 질문과 답변을 도와드릴 수 있습니다. 무엇을 도와드릴까요?

무엇이든 도와줄 수 있다고 한다. 이번에는 챗GPT에 대해 알려 달라고 질문했다.

Q. 챗GPT에 대해 알려줘?

A. 물론입니다! 챗GPT는 OpenAI에서 개발한 최첨단 언어 모델입니다. GPT-3.5 아키텍처를 기반으로 합니다. GPT-3.5는 GPT 시리즈의 가장 최신이고 발전된 버전 중 하나입니다.

챗GPT는 입력에 기반하여 인간과 유사한 텍스트를 이해하고 생성하는 데 사용됩니다. 인터넷에서 다양한 텍스트 데이터를 대규모로 학습하여 폭넓은 지식과 언어 패턴을 습득했습니다.

언어 모델로서 챗GPT는 대화를 나누거나 질문에 답하며, 설명을 제공하고, 제안을 제시하며, 이야기나 시 등 창의적인 콘텐츠를 생성할 수 있습니다. 챗GPT는 일관되고 맥락에 맞는 답변을 생성하여 상호작용할 수 있습니다.

챗GPT의 기본 아키텍처인 Transformer 모델은 자기주의 메커니즘 self-attention mechanism을 사용하여 단어 간의 관계를 파악하고, 맥락을 효과적으로 이해할 수 있습니다. 이를 통해 챗GPT는 종종 인간이 작성한 것과 구별하기 어려운 고품질의 응답을 생성할 수 있습니다.

그러나 주의할 점은 챗GPT가 탁월한 결과를 도출할 수 있지만, 때로는 잘못된 또는 무의미한 답변을 생성할 수도 있습니다. 또한 입력의 구문과 맥락에 민감하며, 작은 변경이 출력 결과를 다르게 할 수 있습니다. OpenAI는 챗GPT와 같은 모델을 지속적으로 개선하고 역량을 향상시키고 제한 사항을 극복하기 위해 노력하고 있습니다.

S 챗GTP에 대해 알려주세요?

물론입니다! 챗GPT는 OpenAI에서 개발한 최첨단 언어 모델입니다. GPT-3.5 아키텍처를 기반으로 합니다. GPT-3.5는 GPT 시리즈의 가장 최신이고 발전된 버전 중 하나입니다.

챗GPT는 입력에 기반하여 인간과 유사한 텍스트를 이해하고 생성하는 데 사용됩니다. 인터넷에서 다양한 텍스트 데이터를 대규모로 학습하여 폭넓은 지식과 언어 패턴을 습득했습니다.

언어 모델로서 챗GPT는 대화를 나누거나 질문에 답하며, 설명을 제공하고, 제안을 제시하며, 이야기나 시 등 창의적인 콘텐츠를 생성할 수 있습니다. 챗GPT는 일관되고 맥락에 맞는 답변을 생성하여 상호작용할 수 있습니다.

챗GPT의 기본 아키텍처인 Transformer 모델은 자기 주의 메커니즘(self-attention mechanism)을 사용하여 단어 간의 관계를 파악하고, 맥락을 효과적으로 이해할 수 있습니다. 이를 통해 챗GPT는 종종 인간이 작성한 것과 구별하기 어려운 고품질의 응답을 생성할 수 있습니다.

그러나 주의할 점은 챗GPT가 탁월한 결과를 도출할 수 있지만, 때로는 잘못된 또는 무의미한 답변을 생성할 수도 있습니다. 또한 입력의 구문과 맥락에 민감하며, 작은 변경이 출력 결과를 다르게 할 수 있습니다. OpenAI는 챗GPT와 같은 모델을 지속적으로 개선하고 역량을 향상시키고 제한 사항을 극복하기 위해 노력하고 있습니다.

챗GPT는 테슬라 창업자인 일론 머스크Elon Musk와 샘 알트만Sam Altman이 2015년 설립한 OpenAI가 만든 자연어 처리 AI(Artificial Intelligence: 인공지능) 챗봇chatbot이다. 2022년 11월 GPT-3.5를 출시 2개월만에 1억 5천만명이 이용하고 있는 대화형 로봇이다. 챗GPT는 사람이 대화할 때 사용하는 자연어를 분석하는 자연어 처리(NLP: Natural Language Processing) 작업에 사용되는 인공 신경망 모델을 말한다.

챗GPT를 개발한 OpenAI는 일론 머스크, 샘 알트만,그렉 브록만Greg Brockman, 일리야 수츠케버Ilya Sutskever, 존 슐만John Schulman 등이 설립했다. 2018년 머스크가 운영진에서 퇴진했고, 그 자리를 마이크로소프트MS가 대체했다. 2018년 6월 챗GPT모델을 발표했고, 2022년 11월 30일 출시 후 5일만에 100만명, 2주만에 200만명의 사용자를 달성해 폭발적인 인기를 누렸다. 가장 최신 버전으로는 2023년 3월 14일 GPT-4가 발표되었다. 처음에는 무료 서비스였으나 최근에 유료 서비스도 시작하였다. 출시 후 많은 인기와 더불어 문제점이 도출되어, 개발을 주도하고 있는 알트만은 GPT-5의 출시를 속도조절하고 있다. 다른 첨단 제품과 비교해 사용자 100만 명 돌파 소요시간을 챗GPT에 물었다.

100만명 돌파시간

Q. STATISTA 통계를 이용해 넷플릭스, 에어비앤비, 트위터, 페이스북, 드롭박스, 인스타그램 사용자 100만명 돌파 소요기간을 표로 보여줘.

A.

It's worth noting that these timeframes may have been affected by various factors such as market conditions, competition, and the specific offerings and marketing strategies of each company. Nevertheless, these statistics provide a general idea of the growth and success of these companies in the early stages of their development.

다음은 Statista의 정보를 기반으로 다양한 회사가 100만 사용자에 도달하는 데 걸리는 시간을 보여주는 표입니다.

회사	사용자 100만 명에 도달하는 데 걸리는 시간
넷플릭스	약 39개월(3년 남짓)
에어비앤비	약 3년
트위터	약 24개월(2년)
페이스북	약 10개월
드롭박스	약 7개월
인스타그램	약 2.5개월

이러한 기간이 시장 조건, 경쟁, 각 회사의 특정 제품 및 마케팅 전략과 같은 다양한 요인의 영향을 받았을 수 있다는 점은 주목할 가치가 있습니다. 그럼에도 불구하고 이러한 통계는 개발 초기 단계에서 이러한 회사의 성장과 성공에 대한 일반적인 아이디어를 제공합니다.

2 ⑨ 경쟁 제품

강력한 경쟁 제품은 검색 업계의 최강자 Google의 '바드^{Bard}'이다.
구글이 2023년 5월 10일 인공지능 '바드'를 전면 오픈하면서 한
국어 서비스를 시작했다. 챗GPT가 먼저 한국어 지원을 이미 시
작해 국내에서도 본격적인 AI 챗봇 경쟁 체제로 돌입했다.

WHAT
기능

1 ⑤ 주요기능

가. 질의 응답

가장 핵심이 되는 기능으로 질문에 대한 답변을 하는 것이다. 다양한 분야와 주제에 대해 물을 수 있다. 애매한 질문에는 애매한 답변을, 정확한 질문에는 정확한 답변을 한다. 하지만 첫 질문에서 만족할 만한 답을 얻지 못하면 심층적으로 계속 질문을 함으로써 질문자가 원하는 수준의 답을 얻을 수 있다. 질문하는 방식에 대해서는 활용방안에서 설명하도록 한다.

나. 언어 번역

가장 편리한 기능으로 번역, 통역이다. 약 100여 가지 언어 번역이 가능하다.

구글^{Google}의 번역처럼 단어를 대체하는 직역直譯 수준의 초보적 단계가 아니라, 의역意譯 수준까지 자연스럽게 번역이 되고, 전문 용어까지 자유롭게 구사하고 있다.

다. 문서 생성

주제어나 제목을 입력하면 업무용 문서나 리포트를 만들어 준다.

라. 텍스트 분류 및 요약

이미 만들어진 문서를 분석해 요약본을 만들어 주거나 새로운 문서를 작성해 준다.

마. 자료 분석

기존의 여러 자료를 취합해서 목적에 맞게 분석하여 정확하게 알려 준다.

바. 코딩하기 및 에러 분석

일반적인 요구사항을 컴퓨터 언어로 코딩해 준다. 잘못된 프로그램을 보내면 에러를 분석해 수정해 준다. 이미 짜여 있는 프로그램도 다른 언어를 바꾸어 변환시켜 주기도 한다.

사. 대화하기

문자 그대로 대화를 주고받는다. 마치 사람과 대화하듯 상담하고 이야기할 수 있다. 계속해서 질문하면 보다 더 성실히 답변한다.

2 ⑥ 취약점

가. 인터페이스

현재 단계에서는 텍스트로만 입력과 출력이 가능하고 음성이나 이미지 처리가 불가능하다. 다른 보조 소프트웨어의 도움으로 음성 인식이나 이미지 출력도 가능하다.

나. 학습된 빅 데이터 자료의 한계

2021년 9월까지의 자료를 학습했기 때문에 최근의 자료는 서비스할 수 없다. 또한 한국 관련 자료는 국내 모 대학의 전자도서관의 빅 데이터를 기반으로 하였기 때문에 그 외의 자료는 제공하지 못하는 한계가 있다.

다. 오류

제한된 자료를 활용하기 때문에 간혹 오류의 답을 하거나 일부 조작된 답을 내기도 한다.

라. 진위 판단

수많은 자료 중에서 진짜와 가짜를 구별해 내지 못한다.

마. 창의력

가장 취약한 부분으로 기존의 자료를 분석해 요약, 비교, 분석에는 유능하지만, 상상력과 창의력을 발휘하지 못한다. 없는 것에서 창조해 내지 못한다. 이 영역이 인간과 인공지능의 최후의 대척점이 될 것이다.

바. 감성

인간의 미묘한 감성을 읽지도 느끼지도 표현할 수 없다. AI는 기계어이기 때문에 감정이 없다. 오직 자료에 입각해 고지식하게 답변한다. 유머 감각도 없다. 워렌 버핏은 '농담도 할 줄 모른다'고 평했다.

WHY
활용 이유

1 ◉ 호기심 충족

인간은 호기심의 동물이다. 궁금한 것이 너무 많다. 그래서 TV 개그gag 프로그램에서 '궁금하면 500원!'하는 유행어를 만들어 내기도 했다. 과거에는 책과 현자들의 풍부한 지식으로 궁금증을 어느 정도 해소를 했다. 최근에는 IT기술의 발달로 주제어 검색search을 통해 대부분 해결하고 있다. 하지만 그 방식으로도 호기심을 완전히 해소할 수 없어서 인공지능과의 대화chat로 궁금증을 해결하게 된 것이다.

2 ◉ 작업 도우미

직장에서나 집에서나 할 일이 너무나도 많다. 일을 할 때마다 부 딪히는 문제점을 해결하기 위해 그 누구의 도움이 절실히 필요하 다. 선배나 상사, 선생님들이 그 역할을 했으나 이제는 챗봇이 그 역할을 대신하게 될 것이다.

실전 사례로 배우는 챗GPT 활용법

3 ⑤ 편리한 일상

일상생활에서도 모르는 일로 당황할 때가 많다. 방법을 알면 간단한 일도 모르면 상당히 애를 먹는다. 조금만 알면 편리하게 해결한 방안이 있는데 모르면 고생을 하게 된다. 다른 사람의 경험을 쉽게 배워 활용하면 편리한 일상생활을 누릴 수 있다. 이제는 그 역할을 챗봇이 대신해 나의 일상생활에 도움을 주는 충실한 비서 역할을 하게 될 것이다.

4 ⊚ 직업 진로 선택

향후 5년간 인공지능과 같은 신기술적응이 크게 늘어나면서 산업계의 변화가 일어나고 있다. 세계경제포럼WEF에서 전문가들은 기존의 일자리의 25% 정도가 변화의 소용돌이에 휘말리고, 일자리 2천6백만개가 사라질 수 있다고 예측하고 있다. 현금출납원, 사무 행정보조, 경리 등이 사라지고, 빅데이터 분석, 기계학습, 사이버 보안 등은 30%가 증가할 것이라고 전망됐다.

미래 세대들은 지금부터 어떤 직종을 선택해야 살아남을 수 있을까를 결정해야 한다. 최근 한 설문조사에서 대학생 544명을 대상으로 조사한 결과, 응답자의 75.6%가 학업과 취업 부문에 인공지능 활용을 긍정적이라고 답했다.

5 ⑤ 시대 흐름에 동참

인간은 사회적 동물이다. 타인과 대화를 함으로써 존재감을 느낀다. 시대 흐름을 따라가지 못하면 뒤처지고 대화가 단절된다. 요즈음은 주제어 검색 시대이다. 검색하다^{search}라는 용어보다는 '구글^{google}해 봐', '네이버^{Naver} 해 봐'가 일상 용어가 되었다. 앞으로 인공지능 시대에는 질문하다^{ask}가 '챗^{chat} 해 봐'로 바뀔 것이다.

　가장 결정적인 이유는 챗GPT 는 누구나 마음만 먹으면 무료로 사용할 수 있다는 점이다.

HOW
사용 방법

1 ⊛ 계정 만들기

가. 인터넷 계정으로 챗GPT 사용법

① 구글, 네이버 등 검색창에 "챗GPT" 또는 "ChatGPT" 검색

② "Introducing ChatGPT"—OpenAI 클릭

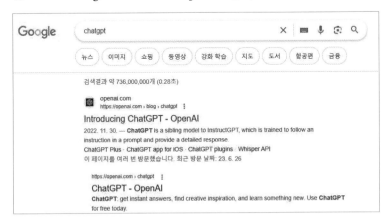

③ 챗GPT 홈페이지 가장 왼쪽 하단에 뜨는 'ChatGPT 시도'를 클릭

④ 계정이 있을 경우 로그인, 계정이 없을 경우 회원가입 후 로그인

실전 사례로 배우는 챗GPT 활용법

⑤ 계정 만들기: 신규 또는 구글계정으로 회원가입

계정 만들기

가입하려면 전화 확인이 필요할 수 있습니다. 귀하의
번호는 보안 목적으로 귀하의 신원을 확인하는 데만
사용됩니다.

┌─ 이메일 주소 ──────────────┐
│ | │
└────────────────────────────┘

    계속하다

이미 계정이 있습니까? 로그인

또는

G Google로 계속하기

▦ Microsoft 계정으로 계속

▪ Apple로 계속하기

⑥ 로그인 완료되면 하단 메시지 입력창에 질문내용 입력하여 챗
GPT와 대화시작 (지니가 설치되어 있을 경우 검색창에 번역문구가 디폴트로 나타남)

채팅GPT

☼	⚡	⚠
예	기능	제한 사항

"간단한 용어로 양자 컴퓨팅 설명 해" →	사용자가 대화 초반에 말한 내용 을 기억합니다.	때때로 잘못된 정보를 생성할 수 있음
"10살 생일을 위한 창의적인 아이 디어가 있나요?" →	사용자가 후속 수정을 제공할 수 있습니다.	때때로 유해한 지침이나 편향된 콘텐츠를 생성할 수 있습니다.
"Javascript에서 HTTP 요청을 하 려면 어떻게 해야 하나요?" →	부적절한 요청을 거부하도록 훈련 됨	2021년 이후 세계 및 사건에 대한 제한된 지식

┌──┐
│ 프롬프트 지니가 자동으로 번역을 해드릴게요!   ➤ │
└──┘

🕐   오픈채팅방 GPTers 오픈채팅방 · 암호 gpt3   번역해서 질문

T I P 빙 ChatGPT 사용법

사용하기전 마이크로소프트 엣지Edge 브라우저를 먼저 설치.

① 엣지에서 '빙' 검색 후 빙홈페이지 접속

② 로그인 후 상단 채팅 클릭

　　　　　　　　　　실전 사례로 배우는 챗GPT 활용법

③ 대화 창을 이용하여 입력하여 '빙 ChatGPT'와 대화 시작

〈대화 예시〉

챗GPT와 빙챗GPT와의 차이를 물었다.

Q. 챗GPT와 빙 챗GPT 차이를 말해줘

A. 빙^{Bing}은 마이크로소프트에서 제공하는 검색 엔진입니다. 빙은 웹 인터페이스 외에도 마이크로소프트 엣지, 스카이프, 모바일 빙 앱 등 다른 애플리케이션과도 연동되어 있습니다. 반면에 챗GPT는 마이크

로소프트에서 개발한 대화형 인공지능 모델입니다. 챗GPT는 이전 버전인 GPT 3.5-turbo를 사용하고 있습니다. CHAT GPT는 2021년 9월 이전의 웹 데이터로 학습된 모델을 사용합니다.

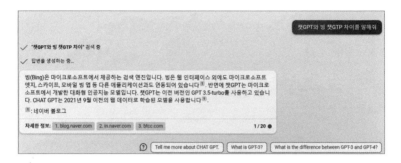

Q. 챗GPT와 너의 차이를 말해줘

A. 챗GPT와 저는 다릅니다. 챗GPT는 인공지능 대화 모델로, 사용자와 대화를 하면서 자연스러운 대화를 만들어내는 것이 목적입니다. 반면에 저는 사용자의 질문에 대한 답변을 제공하는 것이 목적입니다. 챗GPT는 대화를 통해 사용자의 의도를 파악하고 그에 맞는 답변을 생성하는 반면, 저는 사용자의 질문을 분석하여 그에 맞는 정보를 찾아 제공합니다.

　　　　　　　　　　　　　　실전 사례로 배우는 챗GPT 활용법

챗GPT와 빙ChatGPT의 차이를 잘 설명하고 있다. 챗GPT가 사용자의 의도를 파악하고 그에 맞는 답변을 생성해 사용자와 자연스러운 대화를 만들어 내는 것이 목적인 반면 빙ChatGPT는 사용자의 질문을 분석하여 그에 맞는 정보를 찾아 제공하는 것이라고 차이를 설명하고 있다. 어떤 인공지능을 활용할 것인지는 필요와 용도에 따라 사용자가 선택하면 된다.

TIP 프롬프트 지니

챗GPT에 한글로 질문하면 성능이 매우 떨어지는 경향이 있다. 한글입력으로 오류가 발생할 경우 대부분의 챗GPT 사용자들은 번역기를 이용해 한글을 영어로 번역하여 챗GPT에 입력하고, 결과를 다시 한글로 번역하여 사용하고 있다. 자동번역기인 '프롬프트 지니'를 챗GPT에 추가하여 사용할 경우 한글을 입력할 경우 이를 영어로 자동으로 번역하여 입력하고, 영어로 출력된 결과물을 한글로 변역해서 보여준다.

〈설치방법〉

① 구글에서 프롬프트 지니 검색

　프롬프트 지니: ChatGPT 자동번역기 클릭

② Chrome에 추가 클릭

③ 챗GPT 새로 고침 ➡ 입력창이 다음과 같은 메시지 출력

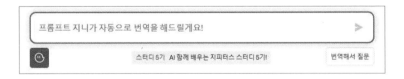

〈대화 예시〉

한글로 아래처럼 입력하면 영어로 번역해서 질문하고, 영어로 출력된 결과를 한글로 번역해서 보여준다.

한국의 대표적인 K-팝 가수 1명을 소개해줘

커뮤니티 GPTers 커뮤니티   번역해서 질문

S Introduce a famous Korean K-pop singer
Answer in English.

지금 번역하기

One of the most famous Korean K-pop singers is Park Jae-sang, who is better known by his stage name, PSY. He gained worldwide recognition for his viral hit song "Gangnam Style" in 2012, which became the first YouTube video to reach one billion views. PSY has been active in the music industry for over two decades, and has released numerous albums and singles. He is known for his energetic and humorous performances, as well as his unique style that blends elements of hip-hop, dance, and Korean music. PSY has also been recognized for his contributions to Korean culture, and has received numerous awards and honors for his work.

번역 취소하기

한국에서 가장 유명한 K-pop 가수 중 한 명은 싸이라는 무대 이름으로 더 잘 알려진 박재상입니다. 그는 2012년 바이럴 히트곡 '강남스타일'로 전 세계적으로 인지도를 얻었으며, 이 곡은 YouTube 동영상 최초로 10억 조회수를 달성했습니다. 싸이는 20년 넘게 가요계에서 활동하며 수많은 앨범과 싱글을 발표했다. 에너제틱하고 유머러스한 퍼포먼스와 힙합, 댄스, 국악의 요소를 혼합한 독특한 스타일로 유명하다. 싸이는 또한 한국 문화에 대한 공헌을 인정받아 수많은 상과 영예를 안았습니다.

Q. 세계적으로 유명한 K-팝 가수 1명 소개해 줘

A.

S | Introduce a world famous Korean K-pop
Answer in English.

지금 번역하기

One of the most famous K-pop groups from Korea is BTS, which stands for Bangtan Sonyeondan. The group was formed in 2013 and consists of seven members: RM, Jin, Suga, J-Hope, Jimin, V, and Jungkook. BTS has gained worldwide popularity for their catchy music, intricate choreography, and socially conscious lyrics.

BTS's music covers a range of genres including pop, hip-hop, and R&B. They have released multiple chart-topping albums and singles, and have broken numerous records, including being the first Korean group to have a song debut at number one on the Billboard Hot 100 chart in the United States.

BTS is also known for their philanthropic efforts, including partnering with UNICEF to launch the Love Myself campaign, which aims to end violence against children and teens around the world.

BTS's influence on the K-pop industry and popular culture has been significant, and they have inspired a global fanbase known as the ARMY. They have received numerous awards and recognition for their achievements, including multiple Billboard Music Awards, American Music Awards, and MTV Video Music Awards.

나. 모바일 APP.

챗GPT 무료 모바일 앱App은 5월 25일 우리나라를 포함한 11개 국(한국, 알바니아, 크로아티아, 프랑스, 독일, 아일랜드, 자메이카, 뉴질랜드, 니카라과, 나이지리아, 영국, 미국)에 출시되었다. 현재 아이폰에서만 사용 가능하며 안드로이드폰은 추후 출시예정이다.

〈설치방법〉

① 아이폰 App Store에서 "ChatGPT" 검색

② "ChatGPT"어플을 다운 받은 후 실행—컴퓨터와 동일하게 로그인 창이 실행

③ '계속'을 클릭

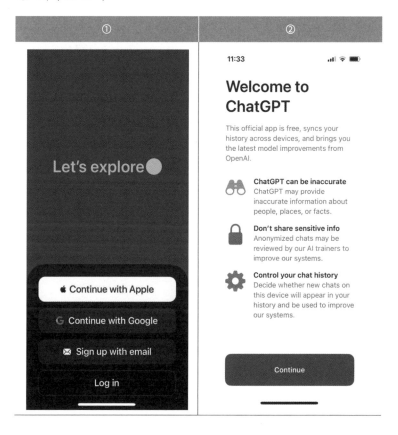

④ 로그인이 완료되면 하단 메시지 입력창에 요청내용을 입력하여 대화시작

①	②

〈사용방법〉

PC와 모바일GPT의 차이: 음성지원

- PC: 텍스트로만 질문 및 대답
- 모바일 APP: 텍스트 또는 음성으로 질문, 텍스트로만 대답

사례: 된장찌개 끓이는 방법을 텍스트와 음성으로 질문해 보았다.

1. 텍스트 질문 및 대답

컴퓨터에서 챗GPT이용과 동일하게 대화창에 질문을 입력하면 대답을 한다.

2. 음성질문

① 메시지 입력창에 있는 음성버튼(점선으로 표시)을 클릭하면 음성을 녹음할 수 있는 창으로 화면이 전환된다.

② 질문내용을 음성으로 말하고 파란색 화면 중간에 있는 기록 중지 버튼(Tap to stop recording)을 클릭한다.

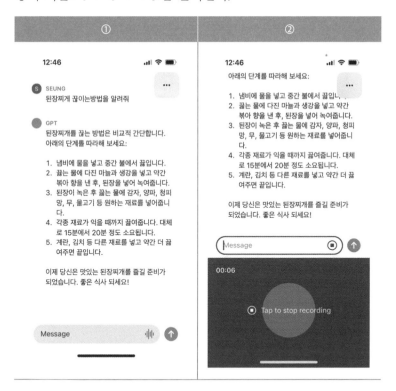

③ "된장찌개를 끊이는 방법을 알려줘"라고 음성으로 요청한 내용이 메시지창에 입력되어 있다.

④ 화살표(↑)를 클릭하여 질문내용을 올리면 대답을 해준다.

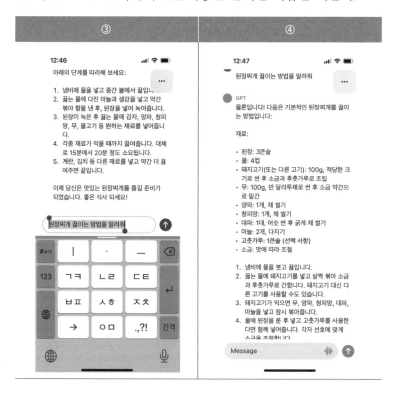

음성으로 대답해 줄 수 있는지 물었다. 텍스트기반이라 음성을 제공하지 않는다고 한다. 그런데 질문을 음성으로 해보니 편리하다. 영어로 표현하는 것도 가능하다.

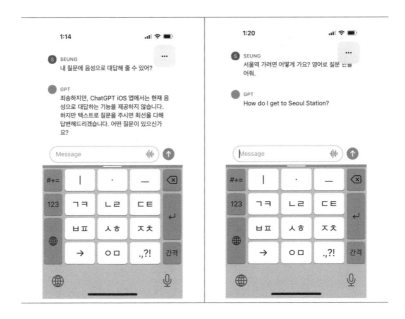

〈주의! 모바일 APP 사기〉

현재 애플 앱스토어와 구글 플레이스토어에는 오픈AI의 정식 챗
GPT 앱이 아닌 유사한 브랜드 이미지와 이름의 앱들이 출시돼
이용자들을 현혹하고 있다.

애플 앱스토어에는 챗GPT의 브랜드를 연상케 하는 ▲AI
Chat—어시스턴트 & 챗봇 ▲Al Chat—챗봇 Al Assistant라는 앱
들이 존재한다.

구글 플레이스토어에도 ▲Chat AI—AI Chatbot Assistant ▲
ChatGPT powered Chat—Nova 등 챗GPT의 브랜드 이미지와 유

사한 앱들이 다수 존재한다. 유사한 앱들로 사기 피해가 발생하고 있으니 주의해야 한다.

🆃🅸🅿 모바일 빙ChatGPT APP 사용법

① 애플 스토어 또는 플레이 스토어에서 '빙' 검색 후 설치

　– 아이폰이므로 애플스토어에서 검색하였음

② 맨 아래 바에 있는 빙 클릭

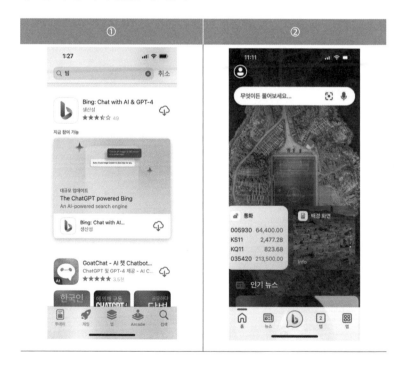

　　　　　　　　　　　　　실전 사례로 배우는 챗GPT 활용법

③ 대화창에 질문 입력

④ 한국의 대통령이 누구인지 질문해 보았다.

Q. 한국의 대통령은?

A. 윤석열 대통령입니다.

2 🌀 질문하기

챗GPT 사용의 핵심은 '질문'이고, 그 질문은 '사람'이 하는 것이다. 그래서 질문에 따라 답의 수준도 달라진다. 질문을 잘 해야만이 좋은 답을 얻을 수 있다. 우리나라 수수께끼 게임 중 스무고개 게임이 있다. 스무고개 게임은 한 사람이 어떤 사물을 마음속으로 생각하면, 다른 사람이 스무(20) 번 질문을 해서 그것을 알아맞히는 게임이다.

예를 들면, 상대방이 '사과'를 생각하고 있는데 질문을 통해 정답을 맞혀야 한다. 첫 번째 질문은 '동물인가요?'라고 물으면 '아니오'라고 답한다. 두 번째는 '먹는 것인가요?'라고 물으면 '예'라고 답한다. 세 번째로 '매일 먹는 건가요?' 물으면 '아니오'라고 답한다. '간식인가요?', '예'. 이런 식으로 계속해서 심층적으로 20

실전 사례로 배우는 챗GPT 활용법

번 질문 이내에 '사과'라고 맞추면 이기는 게임이다.

스무고개 게임은 심층 질문을 통해 사고력과 학습 능력 향상에 많은 도움을 준다. 마찬가지로 챗GPT와의 첫 질문에서 바로 원하는 답을 얻기가 쉽지 않다. 챗GPT로부터 원하는 답변을 얻기 위해 질문을 구체적으로, 차근차근히 계속해서 해야 한다. 마치 스무고개 게임을 하듯이 핵심으로 접근해 원하는 답변을 얻어 내야 한다. 주의해야 할 점은 무엇보다도 개인 보안에 관련된 중요한 내용은 알려주지 않아야 하는 것이다. 질문의 성격에 따라서는 영어로 질문하여 영어로 답을 얻은 다음 한국어로 번역하면 이해하기 쉬운 답변을 얻을 수 있다.

3 ◉ 비서 만들기

최근 미국의 한 변호사가 재판에 제시한 판례가 거짓으로 판명
났다. 그는 챗봇에게 물어서 얻어낸 판례였지만, 챗봇이 만들어
낸 가상 판례였다. 그는 챗봇을 너무 믿어서 검증 없이 그냥 변
호자료로 사용한 것이다. 그 결과 법원 청문회에서 벌금형을 받
았다. 이처럼 챗봇은 거짓 답변을 종종 한다. 그래서 챗봇이 주는
답변을 아무런 검증 없이 사용하면 도리어 큰 화를 입게 된다.

챗GPT를 충직한 비서로 만들기 위해서는 사용자가 주인이
되어야 한다. 챗GPT의 답변을 무조건 신뢰하지 말고, 다른 자료
와 비교해 검증할 필요가 있다. 검색을 통해 〈팩트 체크fact check〉
를 하고, 다른 챗봇을 이용해 〈교차 검증cross check〉도 해야 한다.

질문의 주체는 사용자이다. 그래서 사용자는 챗GPT를 올바

르게 사용하기 위해서는 기본적인 소양을 길러야 한다. 판단력, 소통 능력, 실제 상황의 해결능력, 인문학적 상상력과 기본적인 IT 능력 등을 갖추어야만 한다. 그래야만 절대로 챗GPT에게 휘둘리지 않는다. 챗GPT가 주는 답변을 무분별하게 수용하기보다는 자신만의 견해로 재활용하는 판단력이 중요하다. 챗GPT가 많은 정보를 수집. 정리를 해주는 똑똑한 비서가 되어야지 챗봇이 주인이 되어서는 절대로 안된다.

WHERE

활용 사례

챗GPT를 일상이나 업무에 적용해 보려는 시도는 반복적이고
시간이 많이 소요되는 기초적 단계에 많이 사용되고 있다.
우리 일상 속에 활용 분야는 리포트 작성, 영어 이메일 초안, 번역, 제안서,
사업계획서, 프로그램 작성 등 다양한 부문에 걸쳐 활용할 수 있다.
몇 가지 사례로 질문하는 요령과 얻어진 최후 결과물을 얻어 내는 과정을
자세히 살펴보도록 하자.

1 ⑨ 창업 조사

50대 후반인 안차장은 조만간 회사를 그만두고 창업을 생각하고
있다. 빨리 창업을 해 미래를 준비하기로 했다. 집 근처인 둔촌아
파트 인근에 떡볶이집을 해볼까 생각하고 짬짬이 시장조사를 해
보기로 했다. 회사를 다니면서 직접 시장조사를 하고 사업계획
서를 작성한다는 것이 쉽지 않아 먼저 챗GPT를 이용해 창업정
보를 찾아보고 이후 현장조사를 하기로 했다. 먼저 둔촌아파트
인구, 반경 500M이내 떡볶이집 수, 경쟁업종과 업체 수 등을 챗
GPT에게 물었다.

Q. 한국둔촌주공아파트 반경 500m 이내에 떡볶이집이 몇 개 있는지 알려줘

A. 죄송하지만 AI 언어 모델로서 실시간 데이터에 대한 액세스 권한이

나 인터넷 검색 기능이 없습니다. 따라서 둔촌주공아파트 반경 500m 이내의 정확한 떡볶이집 수를 알려드릴 수 없습니다. 그러나 온라인 지도 서비스나 식당 디렉토리를 사용하여 해당 지역의 떡볶이 식당을 검색할 수 있습니다. 이러한 플랫폼은 종종 검색 기준에 따라 식당의 수와 위치에 대한 정보를 제공합니다.

챗GPT는 2021년 9월까지의 데이터로 학습되어 있어 현재 정보를 제공하지 못한다고 해 최신정보를 검색해 대답하는 빙 ChatGPT와 구글 바드에게 동일한 질문을 해 보았다.

빙챗GPT A. 둔촌주공아파트 반경 500m 이내에 떡볶이집이 몇 개 있는지 알려드릴게요. 제가 찾은 정보에 따르면 둔촌주공아파트 근처에는 떡볶이집이 없는 것 같아요. 다른 지역에서 찾아보시는 건 어떨까요?

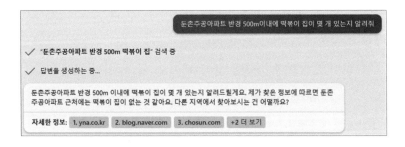

바드 A. 네, 둔촌주공아파트 반경 500m 이내에 있는 떡볶이집은 3곳입니다.

1. 국민떡볶이
2. 둔촌떡볶이
3. 떡볶이공장

국민떡볶이는 둔촌주공아파트 한전 길 건너 성내동 골목에 위치하고 있습니다. 떡볶이, 순대, 만두, 김밥, 라면 등 다양한 메뉴를 판매하고 있습니다. 떡볶이는 매콤하고 쫄깃한 맛이 특징입니다.

둔촌떡볶이는 둔촌주공아파트 1단지 102동 앞에 위치하고 있습니다. 떡볶이, 순대, 만두, 김밥, 라면 등 다양한 메뉴를 판매하고 있습니다. 떡볶이는 매콤하고 달콤한 맛이 특징입니다.

떡볶이공장은 둔촌주공아파트 2단지 102동 앞에 위치하고 있습니다. 떡볶이, 순대, 만두, 김밥, 라면 등 다양한 메뉴를 판매하고 있습니다. 떡볶이는 매콤하고 맵지 않은 맛으로 두 가지가 있습니다.

구글 바드가 비교적 구체적으로 답변하므로 최근 정보를 계속 수집하기로 했다. 떡볶이집과 경쟁업종은 아무래도 분식집이라 생각되어 분식집 수도 물어보았다.

Q. 둔촌주공아파트 반경 500m 이내에 분식집 수를 알려줘

바드 A. 네, 둔촌주공아파트 반경 500m 이내에 있는 분식집은 총 10개가 있습니다. 둔촌주공아파트 반경 500m 이내에 있는 분식집은 다음과 같습니다.

분식집 10군데 상호를 알려주었는데 분식집이 아닌 것으로 생각되는 상호도 1군데 정도 포함되어 있었으나 크게 영향을 미치는 숫자가 아니라 무시하고 질문을 계속했다.

Q. 둔촌주공아파트 주민수를 알려줘

바드 A. 둔촌주공아파트는 143개동 5,930세대가 거주하고 있었으나, 현재 철거되었습니다. 해당 부지에 올림픽파크 포레온이라는 명칭의 아파트가 재건축으로 85개동 12,032세대로 지어질 예정입니다.

재건축 완료 후 기준으로 가구수를 알려주고 있어 주민수를 예측해 달라고 질문했다.

Q. 재건축 후 둔촌주공아파트 주민수는 어느 정도일지 알려줘

바드 A. 둔촌주공아파트는 재건축 후 85개동 12,032세대로 지어질 예정입니다. 세대당 평균 3인 가구로 가정할 경우, 둔촌주공아파트의 완공 후 예상 주민 수는 36,096명입니다. 그러나, 세대당 평균 가구원 수는 최근 2인 가구가 증가하고 있어, 둔촌주공아파트의 완공 후 예상 주민 수는 36,096명보다 적을 것으로 예상됩니다.

가구당 평균 인구수를 기준으로 추정하고 2인 가구 증가로 실제 이보다 적을 수 있을 것이라고 예측하고 있다. 떡볶이집을 할 경우 경쟁력이 있을지 물어보았다.

Q. 떡볶이집을 할 경우 경쟁력이 있을까?

바드 A. 둔촌주공아파트는 재건축 후 12,000세대가 넘는 대규모 아파트 단지입니다. 이로 인해 떡볶이 가게를 포함한 다양한 음식점의 수요가 증가할 것으로 예상됩니다. 또한, 둔촌주공아파트는 강동구의 중심부에 위치하고 있어 접근성이 좋은 편입니다. 따라서 떡볶이 가게를 운영한다면 충분히 경쟁력을 가질 수 있을 것으로 보입니다.

그러나, 둔촌주공아파트 주변에는 이미 떡볶이 가게를 포함한 다양한 음식점이 많이 있습니다. 따라서 떡볶이 가게를 운영한다면 차별화된 요리, 합리적인 가격, 좋은 서비스 등을 제공해야 합니다. 또한 고객의 트렌드를 파악하여 그에 맞는 마케팅 전략을 수립하는 것도 중요합니다. 떡볶이 가게를 운영하기 전에 꼼꼼한 조사와 준비를 통해 성공적인 사업을 이끌어 나가시기 바랍니다.

대규모 아파트 단지로 인근에 이미 다양한 음식점들이 많이 있으나 차별화된 가격, 서비스 등으로 접근하면 경쟁력을 가질 수 있을 것이라고 답변을 했다. 현재 떡볶이집과 분식집이 총 14개가 있는 것으로 나타나 떡볶이집을 창업해도 괜찮을 것 같다는 생각이 들었다. 그래서 무엇을 준비해야 하는지 바드에게 물었다.

Q. 떡볶이집 창업을 위해 무엇을 준비해야 하는지 알려줘

바드 A. 떡볶이집 창업을 위해서는 다음과 같은 준비가 필요합니다.

1. 사업계획 수립: 사업계획서에는 사업의 개요, 목표, 전략, 자금 조달 계획, 마케팅 계획 등이 포함되어야 합니다. 사업계획서를 통해 사업의 타당성을 검토하고 자금을 조달할 수 있습니다.

2. 상권 조사: 떡볶이집을 열기 전에 상권을 조사하여 해당 지역의 수요와 경쟁 상황을 파악해야 합니다. 상권 조사를 통해 적합한 입지와 타겟 고객을 선정할 수 있습니다.

3. 창업 자금 준비: 떡볶이집 창업에는 인테리어 비용, 식자재 비용, 인건비 등 많은 비용이 필요합니다. 창업 자금을 준비하기 위해 대출, 투자 유치, 펀딩 등을 활용할 수 있습니다.

4. 인력 채용: 떡볶이집을 운영하려면 주방 직원, 홀 직원 등 다양한 인력을 채용해야 합니다. 인력을 채용할 때는 요리 실력, 서비스 마인드, 성실성 등을 고려해야 합니다.

5. 식자재 구입: 떡볶이집을 운영하려면 떡, 고추장, 고춧가루, 어묵, 치즈 등 다양한 식자재를 구입해야 합니다. 식자재를 구입할 때는 품질, 가격, 유통기한 등을 고려해야 합니다.

6. 홍보 마케팅: 떡볶이집을 운영하려면 오픈 이벤트, SNS 홍보, 입소문 마케팅 등 다양한 방법으로 홍보해야 합니다. 홍보를 통해 고객에게 떡볶이집을 알리고, 방문을 유도할 수 있습니다.

7. 운영 관리: 떡볶이집을 운영하려면 재고 관리, 매출 관리, 원가 관

리 등 다양한 업무를 관리해야 합니다. 운영 관리를 잘하면 수익을 극대화하고, 폐업 위험을 줄일 수 있습니다.

떡볶이집 창업은 쉽지 않은 일이지만, 성공하면 안정적인 수익을 얻을 수 있는 사업입니다. 떡볶이집 창업을 계획하고 있다면 꼼꼼한 준비를 통해 성공적인 사업을 이끌어 나가시기 바랍니다.

7가지를 제시해 주었는데 조금 부족하고 구체성이 떨어지는 것 같아 챗GPT에 다시 질문했다.

Q. 떡볶이집 창업을 위해 무엇을 준비해야 하는지 알려줘

A. 떡볶이 식당을 시작하기 위해 따라야 할 몇 가지 단계는 다음과 같습니다.

1. 연구 및 계획:
   - 떡볶이 시장을 연구하고 대상 고객, 위치 및 경쟁을 식별하십시오.
   - 전통 떡볶이, 퓨전 떡볶이, 특정 테마 등 레스토랑 컨셉을 정의하세요.
   - 목표, 대상 시장, 메뉴, 가격 책정, 마케팅 전략 및 재정 계획을 요약한 사업 계획을 개발합니다.

2. 메뉴 개발:
   - 다양한 맛, 매운 정도, 토핑 및 선택적 추가 기능을 포함하는 떡볶이 메뉴를 만듭니다.
   - 식사 경험을 향상시키기 위해 떡볶이를 보완하는 반찬, 전채 및 음

료 제공을 고려하십시오.

3. 위치 및 설정:

- 주방, 식사 공간, 수납 공간이 충분한 적당한 장소를 찾으세요.
- 공간이 필요한 건강 및 안전 규정을 충족하는지 확인하십시오.
- 떡볶이 조리, 재료준비, 위생관리에 필요한 설비를 갖춘 효율적인 주방을 마련합니다.

4. 공급자 및 성분:

- 떡, 장류, 야채 등 필요한 재료를 신선하고 질 좋은 재료로 공급하기 위해 신뢰할 수 있는 공급처와 관계를 맺는다.
- 떡볶이 요리의 품질을 유지하기 위해 재료를 안정적으로 공급하십시오.

5. 라이선스 및 허가:

- 해당 지역에서 식당을 운영하는 데 필요한 면허 및 허가를 취득하십시오.
- 여기에는 사업 허가증, 식품 취급 허가증, 건강 검사 및 현지 규정 준수가 포함될 수 있습니다.

6. 인력 배치 및 교육:

- 요리사, 서빙 직원, 주방 직원을 포함하여 숙련되고 열정적인 팀을 고용하세요.
- 음식 준비, 요리 기술, 고객 서비스 및 청결의 일관성을 보장하기 위해 포괄적인 교육을 제공합니다.

7. 마케팅 및 판촉:

- 떡볶이 가게에 대한 인지도를 높이기 위한 마케팅 전략을 개발하십시오.

- 온라인 플랫폼, 소셜 미디어, 지역 광고 및 음식 관련 이벤트를 활용하여 레스토랑을 홍보하십시오.

- 프로모션, 할인 또는 충성도 프로그램을 제공하여 고객을 유치하고 반복 방문을 장려하십시오.

8. 고객 경험 및 피드백:

- 탁월한 고객 서비스, 친근한 분위기, 즐거운 식사 경험을 제공하는 데 중점을 둡니다.

- 떡볶이 요리와 전반적인 서비스를 지속적으로 개선하기 위해 고객의 피드백을 장려하십시오.

9. 재무 관리:

- 예산 책정, 재고 관리 및 비용 관리를 포함한 효과적인 재무 관리 관행을 구현합니다.

- 당신의 떡볶이 가게의 재무 안정성을 보장하기 위해 정기적으로 비용, 수익 및 수익성을 모니터링하십시오.

식당을 시작하려면 신중한 계획, 헌신, 맛있는 음식을 제공하려는 열정이 필요합니다. 적응력을 유지하고 고객 피드백에 귀를 기울이고 지속적으로 혁신하여 경쟁력을 유지하고 성공적인 떡볶이 레스토랑을 만드십시오.

구글 바드보다 구체적이다. 답변을 요약해서 표로 만들어 달라고
요청했다.

Q. 위 내용을 요약해 표로 만들어 보여줘

A. 다음은 떡볶이 식당을 시작할 때 따라야 할 단계를 요약한 표입니다.

단계	설명
연구 및 기획	대상 청중, 위치 및 경쟁을 식별하기 위해 시장 조사를 수행합니다. 요약사업 계획을 개발합니다.
메뉴 개발	다양한 맛, 매운 정도, 토핑, 옵션 추가로 다양한 떡볶이 메뉴를 만드세요. 보완적인 반찬과 음료를 고려하십시오.
위치 및 설정	적절한 주방, 식당 및 보관 공간이 있는 적절한 장소를 찾으십시오. 건강 및 안전 규정을 준수하는지 확인하십시오.
공급자 및 성분	떡볶이 요리에 필요한 신선하고 질 좋은 재료를 공급받기 위해 믿을 수 있는 공급자와 관계를 맺습니다.
라이선스 및 허가	사업 면허, 식품 취급 허가 및 건강 검사를 포함하여 필요한 면허 및 허가를 취득하십시오.
인력 및 교육	요리사, 요리사, 서버 및 주방 직원을 포함한 숙련된 직원을 고용하십시오. 음식 준비 및 고객 서비스의 일관성을 보장하기 위해 포괄적인 교육을 제공합니다.
마케팅 및 프로모션	떡볶이 맛집의 인지도를 높이기 위한 마케팅 전략을 수립합니다. 온라인 플랫폼, 소셜 미디어, 지역 광고 및 음식 관련 이벤트를 활용하십시오. 프로모션 및 충성도 프로그램을 제공하여 고객을 유치하고 유지합니다.
고객 경험 및 피드백	탁월한 고객 서비스, 친근한 분위기, 즐거운 식사 경험을 제공하는 데 중점을 둡니다. 떡볶이 요리와 전반적인 서비스 향상을 위해 고객의 피드백을 독려하고 응대합니다.
재무 관리	예산 책정, 재고 관리 및 비용 관리를 포함한 효과적인 재무 관리 관행을 구현합니다. 재무 안정성을 위해 비용, 수익 및 수익성을 정기적으로 모니터링합니다.

이러한 단계를 따르면 성공적인 떡볶이 식당을 설립하고 운영하는 데 도움이 될 것입니다.

구체성에 있어 챗GPT가 바드보다 조금 나은 것 같다. 챗GPT가 제시한 단계를 참고하기로 하고 먼저 메뉴개발에 대해 물었다.

Q. 떡볶이 메뉴를 어떻게 개발하면 좋을지 아이디어를 알려줘

A. 식당용 떡볶이 메뉴를 개발할 때 다양한 맛, 재료 및 맞춤형 옵션을 통합하여 다양한 취향과 선호도를 충족시키는 것을 고려하십시오. 다음은 떡볶이 메뉴 개발에 영감을 주는 몇 가지 아이디어입니다.

1. 클래식 떡볶이: 고추장(고추장) 소스, 떡, 어묵, 야채로 만든 전통 떡볶이 요리를 포함합니다. 정통 떡볶이 체험을 원하는 분들에게 매력적인 클래식 옵션입니다.

2. 매운 떡볶이: 순한 맛부터 아주 매운맛까지 고객이 선택할 수 있는 다양한 매운맛을 제공합니다. 이를 통해 다양한 향신료 선호도를 가진 개인이 떡볶이 요리를 즐길 수 있습니다.

3. 퓨전 떡볶이: 다른 요리의 재료와 풍미를 통합하여 퓨전 풍미를 실험하십시오. 예를 들어, 살사, 옥수수, 고수를 넣은 "멕시코식 떡볶이" 또는 간장과 가다랑어 포를 넣은 "일본식 떡볶이"를 만들 수 있습니다.

4. 치즈 떡볶이: 치즈 토핑 떡볶이를 제공하여 메뉴에 트위스트를 추

가하십시오. 녹은 치즈와 매콤한 소스의 조합은 맛있고 관대한 맛 프로필을 만듭니다.

5. 해물 떡볶이: 새우, 오징어, 홍합과 같은 신선한 해산물과 떡볶이를 결합한 해산물 변형을 포함하십시오. 이 옵션은 해산물 애호가에게 어필하며 요리에 풍부한 감칠맛을 더합니다.

6. 채식/비건 떡볶이: 식물성 떡볶이 옵션을 제공하여 채식주의자 및 비건 고객에게 적합합니다. 어묵을 두부나 콩으로 대체하고 소스에 동물성 성분이 없는지 확인하십시오.

7. 사용자 정의 가능한 토핑 및 추가 기능: 고객이 다양한 토핑과 추가 기능을 제공하여 떡볶이를 개인화 할 수 있습니다. 옵션에는 삶은 계란, 튀긴 만두, 소시지, 야채 또는 여분의 방종을 좋아하는 사람들을 위한 추가 치즈가 포함될 수 있습니다.

8. 떡의 변형: 원통형 떡, 납작한 타원형 떡, 나선형 떡 등 다양한 종류의 떡으로 실험해 보세요. 이것은 떡볶이 요리에 시각적인 흥미와 다양한 질감을 더해줍니다.

9. 계절 특선: 떡볶이 메뉴에 계절별 변화를 도입하여 신선하고 흥미진진하게 유지하세요. 예를 들어 가을철에는 호박이나 고구마를 소스에 넣거나 제철 야채를 넣어 독특한 반전을 줄 수 있습니다.

10. 떡볶이 세트 또는 콤보: 완벽한 식사 경험을 제공하기 위해 반찬이나 음료가 포함된 떡볶이 세트 또는 콤보를 제공하십시오. 이를 통해 고객은 다양한 맛을 즐길 수 있으며 식사의 가치를 높일 수 있습

니다.

더 넓은 고객층을 수용할 수 있도록 다양한 맛, 향신료 수준 및 재료 옵션으로 메뉴의 균형을 맞추는 것을 잊지 마십시오. 또한 개인의 식욕을 수용하기 위해 다양한 부분 크기에 대한 옵션을 제공하는 것을 고려하십시오. 고객 피드백과 새로운 음식 트렌드를 기반으로 떡볶이 메뉴를 정기적으로 검토하고 업데이트하여 신선하고 매력적으로 유지하세요.

실현가능성을 떠나서 혼자서 생각하려면 며칠을 고민해야 하는데 순식간에 답을 해주었다.

일단 내용을 요약해 정리해서 살펴보기로 하고 표로 만들어 정리해 달라고 했다.

Q. 위 내용을 요약해 표로 만들어 보여줘

A. 다음은 떡볶이 메뉴를 개발하기 위한 아이디어를 표 형식으로 요약한 것입니다.

메뉴 아이디어	설명
클래식 떡볶이	고추장 소스, 떡, 어묵, 야채를 곁들인 전통 떡볶이.
매운 떡볶이	순한 것부터 매우 매운 것까지 다양한 수준의 매운맛을 제공하여 다양한 선호도를 충족시킵니다.
퓨전 떡볶이	떡볶이를 멕시코나 일본에서 영감을 받은 변형과 같은 다른 요리의 맛과 결합하십시오.

치즈 떡볶이	녹은 치즈를 얹은 떡볶이는 풍부하고 풍미 있는 경험을 제공합니다.
해물 떡볶이	새우, 오징어 또는 홍합과 같은 신선한 해산물을 포함하여 맛있는 우마미 트위스트를 추가하십시오.
채식/채식 떡볶이	어묵을 두부 또는 콩 기반 대안으로 대체하여 식물성 옵션을 만드십시오. 비건용 소스를 사용하세요.
맞춤형 토핑 및 추가 기능	고객이 삶은 계란, 튀긴 만두, 야채 또는 추가 치즈와 같은 다양한 토핑으로 떡볶이를 개인화할 수 있습니다.
떡의 변주곡	다양한 질감과 시각적 매력을 위해 다양한 모양과 유형의 떡을 실험해 보세요.
계절 특선	호박이나 고구마 등 계절에 따른 변화를 주어 색다른 맛을 선사합니다.
떡볶이 세트 또는 콤보	반찬이나 음료가 포함된 세트 또는 콤보를 만들어 완벽한 식사 경험을 제공하세요.

이 표는 떡볶이 메뉴를 개발하기 위한 아이디어를 간결하게 요약하여 다양한 선호도와 식단 요구 사항을 충족할 수 있는 다양한 옵션을 보여줍니다. 특정 개념과 대상 고객을 기반으로 이러한 아이디어를 자유롭게 사용자 정의하고 확장하십시오.

메뉴들이 신메뉴라고 하는데 기존 메뉴와 어떤 차이가 있을까 궁금해 다시 물었다.

Q. 위 메뉴들과 다른 떡볶이집들이 판매하고 있는 메뉴와 차별성이 무엇인지 알려줘

A. 위에 제시된 떡볶이집의 메뉴는 다른 떡볶이집과 차별화하기 위해 다양한 아이디어와 옵션을 포함하고 있습니다. 다음은 몇 가지 주요 차

이점입니다.

1. 다양한 맛: 추천 메뉴에는 클래식, 스파이시, 퓨전, 치즈, 해산물, 계절 특선 등 다양한 맛이 포함됩니다. 이것은 고객에게 다양한 선택을 제공하고 다양한 맛 경험을 탐색할 수 있게 합니다.

2. 커스터마이징: 토핑과 추가 기능을 커스터마이즈하는 옵션은 개인화된 터치를 제공합니다. 고객이 선호하는 재료를 선택할 수 있도록 함으로써 메뉴는 개인의 취향을 충족시키고 식사 경험을 향상시킵니다.

3. 채식주의자/채식주의자 옵션: 채식주의자 및 비건 떡볶이 요리를 포함하는 것은 주로 육류 기반 또는 비채식주의자 옵션에 초점을 맞추는 식당과 차별화됩니다. 이것은 식물 기반 대안을 찾는 인구의 증가하는 부분을 충족시킵니다.

4. 퓨전 및 독특한 변형: 다른 요리의 맛을 통합한 퓨전 떡볶이 옵션은 독특한 셀링 포인트를 제공합니다. 이러한 변화는 고객에게 기존 떡볶이 메뉴에서 흔히 볼 수 없는 혁신적이고 흥미로운 조합을 시도할 수 있는 기회를 제공합니다.

5. 계절별 특선: 계절별 변형을 도입하여 메뉴가 일년 내내 신선하고 적절하게 유지됩니다. 제철 재료나 맛을 강조한 요리를 제공하면 흥분의 요소가 더해지고 고객이 새로운 제품을 시도하기 위해 다시 방문하도록 독려합니다.

6. 떡볶이 세트 또는 콤보: 반찬이나 음료와 함께 세트 또는 콤보를 제

공하면 완벽한 식사 경험을 할 수 있습니다. 이것은 추가적인 가치와 균형 잡힌 식사를 제공함으로써 식당을 다른 식당과 구별합니다. 이러한 차이는 제안된 떡볶이 메뉴를 다른 떡볶이 전문점과 차별화하는 데 도움이 되며, 독특한 맛, 맞춤 옵션, 특별한 식단이나 전반적으로 향상된 식사 경험을 찾는 고객을 끌어들입니다.

신박한 아이디어도 있는 것 같아 표로 정리해 줄 것을 요청했더니 다음과 같이 정리해 표로 보여주었다.

Q. 위 내용들을 요약해 표로 만들어 보여줘

A. 추천 떡볶이 메뉴와 다른 떡볶이집에서 파는 메뉴의 차이점을 표 형식으로 정리하면 다음과 같습니다.

차별화 포인트	설명
다양한 맛	메뉴는 클래식, 스파이시, 퓨전, 치즈, 해산물, 계절 특선 등 다양한 맛을 제공하여 고객이 탐색할 수 있는 다양한 옵션을 제공합니다.
커스터마이징	고객은 토핑과 추가 기능을 선택하여 떡볶이를 개인화하여 맞춤형 식사 경험을 할 수 있습니다.
채식/비건 옵션	메뉴에는 채식 및 완전 채식 떡볶이 요리가 포함되어 있으며, 식물성 식단과 다양한 식단 선호도를 따르는 개인에게 적합합니다.
퓨전과 독특한 변형	퓨전 떡볶이는 다른 요리의 풍미를 더해 기존 떡볶이 메뉴에서 흔히 볼 수 없는 독특한 조합을 제공합니다.
계절 특선	메뉴에는 특정 재료 또는 풍미를 강조하는 계절별 변형이 있어 일년 내내 신선하고 흥미로운 제품을 제공합니다.

떡볶이 세트 또는 콤보	반찬이나 음료가 포함된 세트 또는 콤보가 제공되어 고객에게 완벽한 식사 경험과 부가 가치를 제공합니다.

추천 떡볶이 메뉴와 다른 떡볶이집에서 판매하는 메뉴의 차별화 포인트를 정리한 표입니다. 다양한 맛, 맞춤형 옵션, 채식/비건 선택, 독특한 변형, 계절별 스페셜, 떡볶이 세트 또는 콤보를 제공함으로써 추천 메뉴는 고객에게 독특하고 매력적인 식사 경험을 제공합니다.

채식과 비건 옵션을 제안하고 계절 특선까지 제시하고 있어 충분히 연구해볼 가치가 있는 메뉴라는 생각이 든다. 챗GPT가 제시한 단계 중 마케팅 전략에 대해 질문했다.

Q. 떡볶이 맛집의 인지도를 높이기 위한 마케팅 전략을 수립해서 보여줘

A. 떡볶이 가게의 인지도를 높이려면 다음 마케팅 전략을 실행하는 것을 고려하십시오.

1. 온라인 존재감: 메뉴, 위치 및 연락처 정보를 보여주는 음식점용 전문 웹사이트를 만드십시오. 온라인 가시성을 향상시키기 위해 검색 엔진에 맞게 웹 사이트를 최적화하십시오. Facebook, Instagram 및 Twitter와 같은 소셜 미디어 플랫폼을 활용하여 고객과 소통하고 업데이트를 공유하며 특별 행사를 홍보하십시오.

2. 지역 파트너십: 지역 기업 및 조직과 협력하여 서로 교차 홍보합니다. 예를 들어 인근 커피숍, 서점 또는 커뮤니티 센터와 협력하여 공

동 이벤트를 주최하거나 고객에게 특별 할인을 제공할 수 있습니다.

3. 푸드 블로거 및 인플루언서: 푸드 블로거, 인플루언서, 지역 미디어를 초대하여 식당을 방문하고 떡볶이 요리를 맛보게 하세요. 블로그, 소셜 미디어 계정 또는 리뷰를 통해 자신의 경험을 공유하도록 격려하여 입소문을 일으키고 새로운 고객을 유치하십시오.

4. 온라인 음식 배달 플랫폼: Uber Eats, DoorDash 또는 Grubhub와 같은 인기 있는 음식 배달 앱과 제휴하여 더 많은 고객에게 다가가세요. 메뉴가 정확하게 나열되어 있는지 확인하고 온라인 주문에 대한 독점 프로모션을 제공하여 고객이 떡볶이를 시도하도록 유도하십시오.

5. 지역 광고: 지역 신문, 잡지 또는 지역 사회 뉴스레터에 광고하여 해당 지역의 주민들을 대상으로 합니다. 브랜드 가시성을 높이고 지역 사회에 대한 지원을 보여주기 위해 지역 행사 또는 스포츠 팀 후원을 고려하십시오.

6. 로열티 프로그램: 재방문 및 추천을 장려하기 위해 고객 로열티 프로그램을 구현합니다. 할인, 무료 반찬 또는 모든 구매에 대해 포인트를 보상하는 로열티 카드와 같은 인센티브를 제공하십시오.

7. 온라인 리뷰 및 평점: Yelp, Google 리뷰 또는 TripAdvisor와 같은 온라인 리뷰 플랫폼을 모니터링합니다. 긍정적이든 부정적이든 고객 리뷰에 응답하여 귀하가 그들의 피드백을 소중히 여기고 그들의 경험을 개선하기 위해 최선을 다하고 있음을 보여주십시오.

8. 특별 프로모션 및 이벤트: 고객 유치를 위한 특별 프로모션 또는 이벤트를 기획합니다. 여기에는 해피 아워 할인, 명절 테마 메뉴, 요리 교실 또는 한식 관련 문화 행사 주최가 포함될 수 있습니다.

9. 이메일 마케팅: 웹사이트나 매장을 통해 고객 이메일 주소를 수집합니다. 메뉴 추가, 프로모션 및 예정된 이벤트에 대한 업데이트가 포함된 정기적인 뉴스레터를 보내 고객의 참여와 정보를 유지하십시오.

10. 입소문 추천: 만족한 고객이 추천 인센티브를 제공하거나 "친구 데려오기" 프로모션을 주최하여 친구와 가족을 귀하의 식당으로 추천하도록 장려하십시오.

마케팅 전략의 효과를 추적하고 고객 피드백과 시장 추세에 따라 조정해야 합니다. 강력한 브랜드 존재감을 구축하고 지역 사회와 소통하며 우수한 고객 경험을 제공하면 인지도를 높이고 고객을 떡볶이 가게로 끌어들이는 데 기여할 것입니다.

일반적인 마케팅전략을 다 보여주고 있는 것 같아 나만의 차별화된 전략을 다시 질문했다.

Q. 대부분이 기존에 있던 전략과 비슷한 것 같은데 나만의 차별화된 전략은 없을까?

A. 일반적인 마케팅 전략이 있지만 고유한 판매 제안 또는 특정 대상

고객에 집중하여 떡볶이 식당을 차별화할 수 있습니다. 고려할 수 있는 차별화된 마케팅 전략은 다음과 같습니다.

1. 진품 강조: 떡볶이 요리에 사용된 정통 한국의 맛과 요리 기술을 강조합니다. 몰입형 식사 경험을 만들기 위해 전통적인 재료와 준비 방법에 대해 고객에게 교육합니다. 이는 떡볶이의 일반 버전 또는 퓨전 버전을 제공하는 경쟁업체와 차별화됩니다.

2. 특선 토핑 또는 소스: 레스토랑 전용 특선 토핑 또는 소스를 소개합니다. 여기에는 집에서 만든 조미료, 독특한 혼합 향신료 또는 한국에서 직접 공수한 프리미엄 재료가 포함될 수 있습니다. 독특하고 고급스러운 떡볶이 경험을 원하는 고객을 유혹하기 위해 이러한 특별 제공을 강조하십시오.

3. 건강을 고려한 옵션: 건강을 생각하는 개인을 위한 별도의 메뉴 섹션을 개발하여 저염, 글루텐 프리 또는 가벼운 떡볶이 버전을 제공합니다. 영양가 있고 풍미 있는 선택을 찾고 있을 수 있는 건강에 민감한 식사를 하는 사람들을 수용하기 위해 신선한 야채, 저지방 단백질 및 대체 떡 옵션을 통합합니다.

4. 대화식 식사 경험: 대화식 식사 경험을 제공하여 레스토랑을 차별화하십시오. 예를 들어 고객이 선호하는 재료, 소스 및 양념 수준을 선택하여 자신의 요리를 사용자 정의할 수 있는 DIY 떡볶이 바를 가질 수 있습니다. 이것은 레스토랑을 다른 레스토랑과 차별화하는 재미 있고 매력적인 요소를 추가합니다.

5. 문화 행사 및 워크숍: 고객에게 한식 및 떡볶이에 대해 교육하는 문화 행사, 요리 워크숍 또는 강좌를 조직합니다. 이는 한국 음식 문화를 알리고자 하는 의지를 보여주고 고객에게 단순한 식사를 넘어 독특한 경험을 선사합니다. 지역 문화 단체와 협력하거나 게스트 셰프를 초대하여 진정성과 학습 기회를 높일 수 있습니다.

6. 지속 가능한 관행: 지속 가능한 관행을 채택하여 식당을 차별화하십시오. 친환경 포장재를 사용하고, 현지에서 생산된 재료를 조달하고, 재활용 또는 퇴비화 이니셔티브를 구현합니다. 마케팅 채널을 통해 지속 가능성에 대한 약속을 전달하여 책임 있는 관행으로 비즈니스를 우선시하는 환경 의식이 있는 고객에게 어필하십시오.

이러한 차별화된 전략에 집중함으로써 떡볶이 시장에서 틈새 시장을 개척하고 진정성 있고 독특하며 사회적 책임을 다하는 식사 경험을 추구하는 고객을 유치할 수 있습니다.

좋은 아이디어도 있지만 소규모 떡볶이 집에서 실시하기에 조금 거리가 있는 전략들이 있어 일단 표로 정리해 두고 경쟁력 관련 질문을 다시 했다.

Q. 위 내용을 요약해 표로 정리해줘

A. 다음은 떡볶이 전문점의 차별화된 마케팅 전략을 표 형식으로 요약한 것입니다.

차별화된 마케팅 전략	설명
진정성 강조	정통 한국의 맛과 떡볶이 요리에 사용된 요리 기술을 강조하고, 전통적인 재료와 준비 방법을 보여 몰입형 식사 경험을 만듭니다.
전문 토핑 또는 소스	집에서 만든 조미료, 독특한 향신료 블렌드 또는 한국에서 직수입한 프리미엄 재료와 같이 레스토랑 고유의 독점 토핑 또는 소스를 소개하여 고급스럽고 특별한 떡볶이 옵션을 찾는 고객을 유혹하십시오.
건강을 고려한 옵션	건강을 생각하는 개인을 위한 별도의 메뉴 섹션을 개발하여 저염, 글루텐 프리 또는 가벼운 버전의 떡볶이에 신선한 야채, 기름기 없는 단백질, 대체 떡 옵션을 제공하여 영양가 있고 풍미 있는 선택을 원하는 고객에게 제공합니다.
대화식 식사 경험	고객이 재료, 소스, 양념 수준을 선택하여 요리를 맞춤화할 수 있는 DIY 떡볶이 바를 통해 인터랙티브 다이닝 경험을 제공하고 레스토랑을 차별화하고 고객 참여를 독려하는 재미 있고 매력적인 요소를 추가하십시오.
문화 행사 및 워크숍	고객에게 한식과 떡볶이에 대해 교육하는 문화 행사, 요리 워크샵 또는 강좌를 조직하여 한국 음식 문화를 홍보하고 식사를 넘어 독특한 경험을 제공하겠다는 귀사의 의지를 보여주십시오.
지속 가능한 관행	친환경 포장 사용, 현지에서 생산된 재료 소싱, 재활용 또는 퇴비화 이니셔티브 구현과 같은 지속 가능한 관행을 채택하여 레스토랑을 차별화하여 책임감 있는 비즈니스를 우선시하는 환경 의식이 있는 고객에게 어필하십시오.

이러한 차별화된 마케팅 전략은 진정성을 강조하고, 독점적인 토핑 또는 소스를 제공하고, 건강에 민감한 개인에게 음식을 제공하고, 인터랙티브 다이닝 경험을 제공하고, 문화 행사 및 워크숍을 조직하고, 지속 가능성을 실천함으로써 귀사의 떡볶이 레스토랑을 경쟁업체와 차별화합니다. 이러한 전략을 통합하면 틈새 고객을 유치하고 레스토랑의 고유한 브랜드 이미지를 만들 수 있습니다.

표로 잘 정리하여 보여주고 있어 경쟁력에 대한 질문을 이어갔다.

Q. 이렇게 하면 가격이 다른 떡볶이 집과 비교할 때 너무 높아 가격경쟁력이 떨어지지 않을까?

A. 차별화된 마케팅 전략을 펼칠 때 가격 경쟁력을 고려하는 것은 참으로 중요합니다. 독특한 기능과 경험을 제공하면 떡볶이 식당에 가치를 더할 수 있지만 차별화와 경제성 사이의 균형을 맞추는 것이 중요합니다. 다음은 더 높은 가격의 잠재적인 우려를 해결하기 위한 몇 가지 제안입니다.

1. 비용 효율적인 소싱: 경쟁력 있는 가격으로 고품질 재료를 소싱 할 수 있는 옵션을 탐색합니다. 현지 공급업체와 관계를 구축하고, 대량 할인을 협상하고, 계절별 재료 가용성을 고려하여 품질 저하 없이 비용을 관리합니다.

2. 메뉴 세분화: 메뉴 내에서 다양한 가격 옵션을 제공합니다. 일부 특수 또는 프리미엄 품목은 가격대가 높을 수 있지만 저렴한 선택이 가능한지 확인하십시오. 이를 통해 고객은 떡볶이의 독특함을 경험하면서 예산에 맞는 요리를 선택할 수 있습니다.

3. 묶음 또는 콤보 할인: 다양한 떡볶이 요리와 반찬 또는 음료를 할인된 가격에 제공하는 묶음 식사 또는 콤보 옵션을 만드세요. 이것은 고객이 돈의 가치를 인식하면서 여러 항목을 시도하도록 권장합니다.

4. 특별 프로모션: 고객 유치를 위해 정기적인 프로모션 또는 기간 한

정 제안을 시행합니다. 여기에는 해피아워 할인, 평일 런치 스페셜 또는 로열티 프로그램 혜택이 포함될 수 있으며 특정 기간 동안 고객을 유치하면서 가격 경쟁력을 유지하는 데 도움이 됩니다.

5. 효율적인 운영: 운영을 간소화하고 워크플로를 최적화하여 효율성을 높이고 비용을 절감합니다. 여기에는 부분 크기 최적화, 음식물 쓰레기 최소화, 비용 효율적인 재고 관리 관행 구현이 포함될 수 있습니다.

6. 타겟 마케팅: 약간 높은 가격대를 정당화하는 떡볶이 식당의 고유한 측면을 강조하는 데 마케팅 노력을 집중하십시오. 탁월한 경험, 양질의 재료 및 정통 맛을 통해 고객이 받는 가치를 전달하여 가격 차이를 정당화합니다.

가격은 고객에게 중요한 요소이지만 차별화된 경험을 제공하면 독특하고 뛰어난 제품에 기꺼이 프리미엄을 지불하려는 고객층을 끌어들일 수 있습니다. 신중한 비용 관리, 판촉을 통한 가치 제공, 제품의 이점을 효과적으로 전달함으로써 가격 경쟁력을 유지하면서 시장에서 떡볶이 식당을 차별화할 수 있습니다.

독특한 기능features과 경험제공을 통해 식당의 가치를 더하고 다른 떡볶이집과 차별화를 통해 경제성과의 균형을 맞추는 것이 중요하다면서 높은 가격에 대한 잠재적 우려를 해결할 6가지 전략을 제안했다. 챗GPT를 이용해 수집한 정보를 활용해 요약사업

계획서를 작성했다. 유동인구와 예상 매출액을 산출해 사업계획
서를 완성하고 창업일자를 결정할 생각이다. 마지막으로 챗GPT
에 떡볶이집 상호를 지어 달라고 요청해 보았다.

Q. 둔촌동에 떡볶이 집을 개업할 예정인데 이름 10개만 만들어 줘

A. 둔촌동에 있는 가상의 떡볶이 집 10곳을 소개합니다.

1. 둔촌떡볶이집
2. 떡볶이와 친구들
3. 매콤한 떡볶이
4. 떡볶이 익스프레스
5. 둔촌양념떡볶이
6. 떡볶이왕국
7. 화끈한 떡볶이
8. 둔촌떡볶이거리
9. 떡볶이 퓨전
10. 떡볶이 플러스

좀더 참신한 이름을 만들어 달라고 요청해 보았다.

Q. 좀 더 참신한 이름은 없을까?

A. 둔촌동 떡볶이집에 대한 좀 더 참신하고 창의적인 이름을 찾고 있다

면 다음과 같은 아이디어가 있습니다.

1. 떡볶이 오아시스

2. 스파이스 딜라이트 떡볶이

3. 떡볶이 퓨전랩

4. 맛 피에스타 떡볶이

5. 떡볶이 헤이븐

6. 떡볶이 체험

7. 볼드바이츠 떡볶이집

8. 떡볶이 열풍

9. 맛있는 떡볶이 정선

10. 치즈 블리스 떡볶이

이름은 레스토랑의 고유한 판매 제안, 분위기 또는 컨셉을 반영해야 합니다. 이러한 제안을 자유롭게 맞춤화하거나 다른 요소를 결합하여 둔촌동 떡볶이 식당의 독특하고 기억에 남는 이름을 만드십시오.

좋은 이름인지 아닌지 알 수 없지만 여하튼 좋은 아이디어를 주었다. 현장조사를 통해 좀 더 보완하기로 했다.

〈활용방안〉

책을 보거나 유튜브, 또는 구글 검색을 통해 창업에 필요한 정보들을 쉽게 수집할 수 있다. 그러나 이렇게 수집된 정보들은 연결성이 현저히 떨어져 조사자가 직접 정보를 연결시키는 작업을 해 주어야 완성된 형태의 온전한 모습을 갖추게 된다. 반면 챗GPT 와 질문을 계속 이어가면 질문의 내용을 완전히 이해하고 딱 맞 는 정보를 찾아 제공해 준다. 조사자가 따로 정보를 연결할 필요 가 없다. 18번의 심층 질문으로 창업을 위해 요구되는 기본적인 정보에서부터 마케팅전략과 신메뉴 개발에 대한 아이디어까지 필요한 정보를 한 번에 다 얻었다. 챗GPT를 통해 수집한 기초정 보와 현장조사를 통해 수집한 정보를 결합하여 활용한다면 실 패는 줄이고 성공은 높이는 좋은 사업계획서를 만들 수 있을 것 이다.

2 ⊛ 영어 수업

50대 중반 오 여사는 영국 여행을 계획하고 있다. 그래서 영어 회화공부를 해 보기로 했다. 학원을 가기는 좀 쑥스럽고 혼자 공부할 방법이 없을까 고민하다 우연히 챗GPT를 알게 되었다. 그래서 챗GPT를 이용해 회화 공부를 하기로 하고 일단 어떻게 회화 공부를 해야 하는지 물어보기로 했다.

Q. 챗GPT를 이용해 영어회화공부를 하려면 어떻게 해야 하는지 구체적인 방법을 알려줘

A. 챗GPT를 사용하여 영어 회화를 공부하려면 다음 단계를 따르세요.

1. 대화 시작: Chat GPT로 대화 연습을 시작합니다. 인사말이나 시작 문구를 입력하여 대화를 시작하십시오. Chat GPT를 대화 파트너

로 삼고 질문을 하거나 의견을 공유하거나 다양한 주제에 대해 토론하면서 대화를 계속할 수 있습니다.

2. 다양한 시나리오 연습: 실제 상황을 시뮬레이션하기 위해 다양한 대화 시나리오를 만듭니다. 예를 들어, 식당에서 음식 주문하기, 낯선 사람과 잡담하기, 취업 면접하기 등을 연습하십시오. 자신과 Chat GPT 사이를 번갈아 가며 대화의 양쪽 역할을 수행하여 다양한 역할을 연습하고 대화 기술을 개발하세요.

3. 언어 교정 찾기: Chat GPT로 대화에 참여할 때 문법, 어휘 및 문장 구조에 주의를 기울이십시오. 실수나 개선할 부분이 있으면 Chat GPT에 언어 수정을 요청하세요. 이것은 언어 사용을 개선하고 실수로부터 배우는 데 도움이 될 수 있습니다.

4. 피드백 요청: 주저하지 말고 Chat GPT에 대화 기술에 대한 피드백을 요청하세요. 발음, 유창함, 자연스러움 등 개선할 수 있는 부분을 문의하세요. 채팅 GPT는 대화를 기반으로 제안 및 안내를 제공하여 영어 대화 능력을 향상시킬 수 있습니다.

5. 어휘 확장: 특정 단어나 구문에 대한 도움을 요청하여 Chat GPT의 방대한 지식을 활용하십시오. 대화 중에 익숙하지 않은 단어를 발견하면 Chat GPT에 정의, 예 또는 대체 표현을 요청하세요. 이렇게 하면 어휘가 확장되고 자신을 보다 효과적으로 표현할 수 있는 능력이 향상됩니다.

6. 문화적 통찰력: 영어권 국가와 관련된 문화적 주제에 대해 Chat

GPT와 대화에 참여하십시오. 관습, 전통 또는 에티켓에 대해 질문하여 문화적 통찰력을 얻을 수 있습니다. 문화적 뉘앙스를 이해하면 적절하고 자신 있게 영어로 의사 소통하는 능력이 향상됩니다. Chat GPT는 영어 대화를 연습하는 데 유용한 도구가 될 수 있지만 실제 상호 작용으로 이를 보완하는 것이 필수적이라는 점을 기억하세요. 영어 원어민 또는 언어 교환 파트너와 대화할 수 있는 기회를 찾아 보다 상호작용적이고 역동적인 방식으로 대화 기술을 더욱 발전시키십시오.

일관성과 규칙적인 연습은 영어 회화 실력을 향상시키는 데 중요합니다. 학습 과정을 받아들이고, 이용 가능한 리소스를 활용하고, 더 유창하고 자신감 있는 영어 구사자가 되는 여정을 즐기세요.

챗GPT로 회화연습을 할 수 있다고 한다. 인사말이나 시작 문구를 입력하여 대화를 시작할 수 있으며, 다양한 시나리오를 만들어 Chat GPT와의 서로 양쪽 역할을 번갈아 하면서 대화기술을 개발할 수 있다고 한다. 텍스트로만 대답하는 것으로 알고 있어 궁금해서 물어보기로 했다.

Q. 영어대화를 음성으로 들려 둘 수 있는지 알려줘

A. AI 언어 모델로서 오디오를 직접 듣거나 처리하는 기능이 없습니다. 텍스트 기반 응답만 이해하고 생성할 수 있습니다. 서면 텍스트를 제공하면 영어 회화 연습을 돕고 해당 텍스트를 기반으로 지침을 제공할

수 있습니다.

들고 말하는 연습을 하려고 하는데 챗GPT가 음성으로 들려줄
수 없다고 한다. 그래서 대답을 음성으로 들을 수 있는 방법을
다시 물었다.

Q. 너의 대답을 음성으로 들으려면 어떻게 해야 하는지 알려줘

A. 만약 저와의 대화를 음성으로 듣고 싶다면 고려할 몇 가지 옵션이
있습니다:

1. 텍스트 음성 변환TTS 도구: 대화 내용을 복사하여 텍스트 음성 변
   환 도구나 소프트웨어에 붙여 넣을 수 있습니다. 이 도구는 쓰여진
   텍스트를 음성으로 변환하여 대화를 음성 형식으로 들을 수 있도
   록 해줍니다.

2. 스크린 리더: 스크린 리더는 컴퓨터 화면에 표시된 텍스트를 읽어주
   는 소프트웨어 프로그램입니다. 스크린 리더 애플리케이션이나 브라
   우저 확장 프로그램을 사용하여 대화 내용을 읽어 들을 수 있습니다.

3. 음성 합성 프로그램: 쓰여진 텍스트를 음성으로 변환해주는 음성
   합성 프로그램이 있습니다. 이 프로그램들은 다양한 음성 옵션을
   제공하여 원하는 음성을 선택할 수 있도록 합니다.

이러한 방법을 사용하여 대화의 쓰여진 텍스트를 음성 형식으로 변환
하여 들을 수 있습니다. 하지만 음성 출력은 인간의 목소리처럼 자연스

럽거나 표현력이 풍부하지는 않을 수 있습니다.

　도움이 되었기를 바라며, 추가로 궁금한 사항이 있으면 언제든지 말씀해주세요!

텍스트를 음성으로 변환하는 소프트웨어나 스크린리더 등을 이용해 음성으로 변환해 들을 수 있다고 대답했다. 그래서 윈도우에 설치되어 있는 스크린리더를 이용해 챗GPT의 대답을 음성으로 들어 보기로 했다. 듣기에 너무 불편하다.

내레이터를 시작하고 중지하는 두 가지 방법

- **Windows 로고 키 ⊞ + Ctrl + Enter**를 함께 눌러 내레이터를 시작합니다. 내레이터를 중지하려면 같은 키를 다시 누릅니다. (이전 버전의 Windows 에서 명령은 **Windows 로고 키 ⊞** 였습니다. **+ Enter 키를 누릅니다.**) 많은 키보드에서 Windows 로고 키는 Alt 키의 왼쪽 또는 오른쪽에 있는 키의 아래쪽 행에 있습니다.

- **Windows 로고 키 ⊞ + Ctrl + N**을 눌러 내레이터 설정을 연 다음 내레이터 **사용**에서 토글을 켭니다.

그래서 파파고를 이용해서 챗GPT가 대답한 영어내용을 복사해 넣고 들어보았다. 왼쪽 아래 음성 버턴을 클릭하면 영어 텍스트를 영어음성으로 읽어 준다. 윈도우 스크린 리더와 차이가 없다.

바드는 최신정보를 검색해 알려주니까 다른 방법을 알려줄지도 몰라 물었다.

바드 Q. 챗GPT와 음성으로 대화하려면 어떻게 해야 하는지 알려줘

바드 A. 음성으로 챗GPT와 대화하려면 Google Chrome 브라우저에 Talk to ChatGPT 확장 프로그램을 설치해야 합니다. Talk to ChatGPT 를 설치한 후에는 마이크를 켜고 음성으로 질문을 할 수 있습니다. Talk to ChatGPT는 음성으로 질문을 받아 텍스트 응답을 제공합니다.

Talk to ChatGPT를 설치하라고 한다. 구글에서 검색해 클릭했더니 프롬프트 지니 설치와 동일하다.

Talk-to-ChatGPT를 클릭한 후 화면 오른쪽에 있는 크롬에 추가

버튼을 클릭하고 다시 챗GPT에 접속하면 새로운 버튼이 하나
생성되어 있다.

오른쪽 음성 컨트롤 기능이다. 컨트롤 버튼은 마우스로 위치를
이동시킬 수 있다. 'START"버튼을 클릭하고 마이크를 켜고 음성
으로 질문하면 영어로 답을 해주고 한글로도 읽어준다.

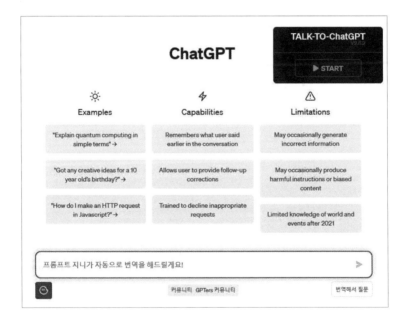

편리하긴 한데 음성은 다른 기계음들과 전혀 차이가 없어 챗GPT를 이용한 영어회화 공부가 별로 도움이 되지 않아 다른 음성번역기나 추천사이트를 물어보기로 했다.

Q. 영어 텍스트를 자연스러운 음성으로 들을 수 있는 사이트를 추천해 줘

A. 영어 텍스트를 자연스러운 음성으로 듣기 위해 많이 알려진 웹사이트인 "Natural Readers"(www.naturalreaders.com)를 추천해 드릴 게요. 사용 방법은 다음과 같아요:

1. Natural Readers 웹사이트 방문하기: 원하는 웹 브라우저를 사용하여 www.naturalreaders.com에 접속하세요.

2. 텍스트 입력 또는 붙여넣기: 웹사이트에서 원하는 영어 텍스트를 듣고 싶은 텍스트 상자를 찾을 수 있어요. 원하는 텍스트를 입력하거나 붙여 넣기 하세요.

3. 음성 선택: Natural Readers는 다양한 음성을 제공합니다. "Select a Voice" 드롭다운 메뉴를 클릭하여 사용 가능한 옵션을 확인할 수 있어요. 각 음성은 자연스러운 톤과 억양을 가지고 있습니다. 선호하는 음성을 선택하세요.

4. 설정 조정(선택 사항): Natural Readers는 사용자 정의할 수 있는 추가 설정을 제공합니다. 음성 속도 조정, 문장 강조와 같은 다른 읽기 모드 선택, 필요한 경우 다른 언어 선택 등을 조정하세요. 선호하는 설정에 맞게 수정하세요.

5. "Play" 클릭: 텍스트를 입력하고 음성과 설정을 선택한 후 버튼을 클릭하면 웹사이트에서 오디오를 생성하고 선택한 음성을 사용하여 텍스트 재생을 시작합니다. 큰 소리로 읽어주는 영어 텍스트를 자연스러운 목소리로 들을 수 있습니다.

Natural Readers는 무료 버전과 프리미엄 버전을 모두 제공합니다. 무료 버전은 제한된 액세스 및 기능을 제공하는 반면 프리미엄 버전은 추가 혜택과 무제한 액세스를 제공합니다.

Natural Readers는 자연스러운 음성을 제공하지만 여전히 텍스트 음성 변환 엔진에 의해 생성되며 사람의 말과 같은 수준의 뉘앙스와 표현력이 없을 수 있음을 명심하십시오. 그럼에도 불구하고 자연스러운 음성으로 영어 텍스트를 들을 수 있는 귀중한 도구가 될 수 있습니다.

텍스트 음성 변환 기능을 제공하는 다른 웹사이트나 서비스를 자유롭게 탐색하여 귀하의 기본 설정과 필요에 가장 적합한 것을 찾으십시오.

이 정보가 자연스러운 음성으로 영어 텍스트를 듣기에 적합한 사이트를 찾는 데 도움이 되기를 바랍니다. 더 궁금한 점이 있거나 추가 지원이 필요하면 알려주세요!

내추럴리더스 사이트를 추천해주었다. 접속해서 무료로 사용해 보기로 했다. 오른쪽 사진 박스를 클릭하니 해당 리더의 음성이 나왔다. 듣고 싶은 음성을 선택하고 오른쪽 위 "START FOR

FREE"버튼을 클릭했다.

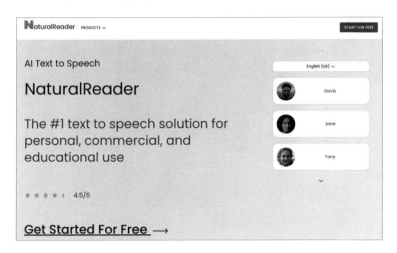

영어문장이 채워진 창이 열린다. 여기에 파일을 복사하거나 붙여 넣기 하라고 한다. 그래서 윈도우 스크린 리더에서 테스트한 영어 텍스트를 복사해 넣고 플레이 버튼을 클릭했다.

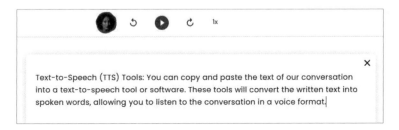

기계음이지만 거의 원어민 수준으로 들린다. 이 정도면 챗GPT와 대화하면서 음성으로 얼마든지 들을 수 있을 것 같다. 이제 본격적으로 챗GPT와 영어공부를 해보기로 했다. 먼저 지하철 이용에 대해 물었다.

Q. 영국 지하철을 이용하려면 먼저 어떤 표현들을 익혀야 하는지 알려줘

A. 다음은 영국 지하철을 탐색하는 데 도움이 되도록 미리 공부할 수 있는 몇 가지 영어 질문입니다.

1. How do I purchase a ticket for the subway?

2. What is the fare for a single journey?

3. Are there any discounts available for students or seniors?

4. Which platform does the train to [destination] depart from?

5. How frequent are the trains during peak hours?

6. Is there a subway map or guide available?

7. Are there any service disruptions or delays on the subway line?

8. How do I transfer to another line at [station]?

9. Are there any restrictions on bringing luggage or large bags on the subway?

10. Where is the nearest subway exit to [landmark or address]?

1. 지하철 승차권은 어떻게 구매하나요?

2. 편도 요금은 얼마입니까?

3. 학생이나 노인을 위한 할인이 있습니까?

4. [목적지]로 가는 기차는 어느 플랫폼에서 출발하나요?

5. 피크 시간대에 열차는 얼마나 자주 운행됩니까?

6. 지하철 노선도나 가이드가 있나요?

7. 지하철 노선에 서비스 중단이나 지연이 있습니까?

8. [역]에서 다른 노선으로 환승하려면 어떻게 해야 하나요?

9. 지하철에 짐이나 큰 가방을 가지고 탈 때 제한 사항이 있나요?

10. [랜드마크 또는 주소]에서 가장 가까운 지하철 출구는 어디입니까?

이러한 질문에 대해 공부하고 숙지하면 오씨가 효과적으로 의사소통하고 영국 지하철을 이용하면서 필요한 정보를 얻을 수 있습니다. 또한 "플랫폼", "개찰구", "다음 기차", "환승", "역 안내 방송" 등과 같은 일반적인 지하철 어휘 및 문구에 대한 기본적인 이해를 하는 것이 좋습니다.

연습과 준비는 외국에서 대중 교통 시스템을 탐색할 때 자신감을 높일 수 있음을 기억하십시오.

영국 지하철을 이용할 때 필요한 10가지 질문을 알려주었다. 우선 승차권 구매와 편도요금, 지하철 노선도 등에 대해 챗GPT와 공부해보기로 하고 필요하면 음성번역기를 이용해 들어 보기로 했다. 그래서 다음과 같이 챗GPT에게 질문했다.

Q. 지금부터 내가 하는 질문에 영국 시민으로서 외국인 관광객이 쉽게 이해할 수 있도록 간략하게 답해 줘

A. 영국 시민으로서 귀하의 질문에 간결하고 이해하기 쉬운 답변을 제

공하겠습니다. 영국을 방문하는 동안 문의사항이 있거나 도움이 필요하시면 언제든지 문의해 주세요. 제가 도와드리겠습니다.

이제 질문을 시작했다.

Q. 지하철 승차권을 어떻게 구매하는지 영어로 물었다. How do I purchase a ticket for the subway?

A. To purchase a ticket for the subway, you can follow these steps:

1. Locate the ticket vending machines or ticket counters at the subway station.

2. Approach the machine or counter and check for any instructions or displays in multiple languages, including English.

3. Select the appropriate language option if available.

4. Choose the type of ticket you need, such as a single journey ticket or a day pass, based on your travel requirements.

5. Enter the number of tickets you wish to purchase.

6. Insert the correct amount of cash into the machine or present your payment method at the counter. If using cash, ensure you have the correct currency or denominations.

7. Collect your ticket from the machine or receive it from the counter staff.

실전 사례로 배우는 챗GPT 활용법

8. Keep your ticket with you throughout your journey, as you may need it to exit the station or during ticket inspections.

If you encounter any difficulties or have specific questions about purchasing subway tickets in a particular location, please provide more details, and I'll be happy to assist you further.

지하철 티켓을 구매하려면 다음 단계를 따를 수 있습니다:

지하철 역에서 티켓 판매기나 티켓 카운터를 찾으세요. 기계나 카운터에 다국어로 된 지시사항이나 디스플레이가 있는지 확인하세요. 영어도 포함된 여러 언어 옵션이 있는 경우 해당 언어를 선택하세요. 가능한 경우 적절한 언어 옵션을 선택하세요. 여행 요구에 따라 개별 이용 티켓이나 1일 이용권과 같은 티켓 유형을 선택하세요. 구매하려는 티켓 수량을 입력하세요. 정확한 금액을 기계에 넣거나 카운터에서 결제 수단을 제시하세요. 현금을 사용하는 경우 올바른 통화나 지폐 단위를 확인하세요. 기계에서 티켓을 꺼내거나 카운터 직원으로부터 받으세요. 여행 도중 역에서 나갈 때나 티켓 검사 중에 필요할 수 있으므로 티켓을 항상 지참하세요. 특정 위치에서 지하철 티켓 구매에 어려움이 있거나 구체적인 질문이 있는 경우 자세한 내용을 제공해 주시면 기꺼이 도와드리겠습니다.

대답이 너무 길다. 짧게 이해할 수 있게 다시 답을 달라고 요청했다.

Q. 다시 간략하게 대답해 줘

A. To purchase a subway ticket, you can go to the ticket machines or ticket counters located at the subway station. Choose the type of ticket you need, insert the payment, and collect your ticket. Make sure to keep it with you during your journey.

번역결과: 지하철 표를 구입하려면 지하철역에 있는 매표소나 매표소를 방문하세요. 필요한 티켓 종류를 선택하고 결제 금액을 입력한 후 티켓을 수령하세요. 여행 중에 휴대하십시오.

음성번역기로 들어 보기로 했다.

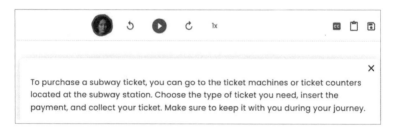

또렷하게 아주 잘 들린다. 여행 가기 전까지 꾸준히 공부하면 절대공포감은 많이 사라질 것 같다.

이어서 요금에 대해 질문했다.

Q. 편도요금이 얼마인지 물었다. What is the fare for a single journey?

A. The fare for a single journey on the subway can vary. It depends on factors like the distance you're traveling and the specific subway system you're using. To find out the exact fare, it's best to check the information boards or ask the staff at the subway station. They will provide you with the specific cost for a single journey. If you have more questions, feel free to ask!

번역결과: 지하철 편도 요금은 다를 수 있습니다. 이동 거리 및 사용 중인 특정 지하철 시스템과 같은 요인에 따라 다릅니다. 정확한 요금은 안내판을 확인하거나 지하철역 직원에게 문의하는 것이 가장 좋다. 단일 여행에 대한 특정 비용을 제공합니다. 더 궁금한 점이 있으면 언제든지 물어보세요!

지하철역 또는 근처 플랫폼에 노선도 또는 안내도가 있다고 하니 이용하면 도움이 될 것 같다. 그래서 여행 전 첫번째 상황을 지하철 이용으로 설정하고 필요한 것으로 생각되는 3가지 질문과 대답을 정리해 음성변환기를 이용해 계속 들으면서 공부하기로 했다.

상황 1

Q 1. How do I purchase a ticket for the subway?

A. To purchase a subway ticket, you can go to the ticket machines or ticket counters located at the subway station. Choose the type of ticket you need, insert the payment, and collect your ticket. Make sure to keep it with you during your journey.

Q 2. What is the fare for a single journey ?

A. The fare for a single journey on the subway can vary. It depends on factors like the distance you're traveling and the specific subway system you're using. To find out the exact fare, it's best to check the information boards or ask the staff at the subway station. They will provide you with the specific cost for a single journey. If you have more questions, feel free to ask!

Q 3. Is there a subway map or guide available?

A. Yes, most subway systems provide subway maps or guide maps. You can usually find them at the subway stations, near the ticketing area or on the platforms. These maps will help you navigate the subway system and plan your journey.

실전 사례로 배우는 챗GPT 활용법

챗GPT는 질문을 하면 상당히 길게 대답한다. 그래서 질문을 잘 해야 한다. 정확하게 영어 표현을 공부하고 싶은 건지, 대답까지 영어로 듣고 싶은 건지 구분해야 한다.

'웨이터에게 물을 가져다 달라는 표현을 영어로 보여줘'라고 하면 "Excuse me, could we have some water, please?"라고 알려준 다. 그런데 "레스토랑에서 음식을 주문하고 싶은데 어떻게 하는 지 알려줘"라고 질문하면 다음과 같이 길게 대답을 한다.

다음은 영국 식당에서 음식을 주문하는 방법에 대한 간단한 가이드입 니다.

1. 테이블 찾기: 식당에 들어서면 자리가 날 때까지 기다리거나 셀프 서 비스 또는 캐주얼 다이닝인 경우 사용 가능한 테이블을 찾으십시오.

2. 메뉴 보기: 서버에서 메뉴를 제공합니다. 일반적으로 다양한 요리 와 음료가 포함된 메뉴를 천천히 둘러보세요.

3. 요리 선택: 무엇을 먹고 싶은 지 결정합니다. 메뉴에는 일반적으로 스타터, 메인 및 디저트와 같은 다른 섹션이 있습니다. 필요한 경우 서버에 권장 사항이나 설명을 요청할 수도 있습니다.

4. 서버 호출: 주문할 준비가 되면 눈을 마주치거나 신호를 보내 서 버의 주의를 끌 수 있습니다. "실례합니다" 또는 "주문할 수 있을까 요?"라고 말할 수 있습니다.

5. 주문하기: 선택 사항을 서버에 명확하게 알리십시오. 예를 들어, "메

인 코스로 피쉬 앤 칩스를 주세요. 그리고 물 한 잔 주세요."라고 말할 수 있습니다.

6. 특별 요청 사항: 선호하는 식단이나 알레르기가 있는 경우 이 시점에서 서버에 알려주십시오. 그들은 당신을 안내하고 적절한 대안이나 수정을 제안할 수 있습니다.

7. 세부정보 확인: 서버에서 주문을 반복하거나 특정 세부정보를 확인할 수 있습니다. 주의를 기울이고 모든 것이 올바른지 확인하십시오.

8. 음식을 기다리십시오: 긴장을 풀고 음식이 준비되고 제공될 때까지 기다리십시오. 레스토랑의 성수기에 따라 다소 시간이 걸릴 수 있습니다.

9. 맛있게 드세요: 음식이 도착하면 맛있게 드세요! 조미료나 추가 지원이 필요한 경우 주저하지 말고 서버에 문의하십시오.

10. 결제: 식사가 끝나면 직원이 계산서를 제시합니다. 식당의 절차에 따라 테이블에서 지불하거나 출납원에게 갈 수 있습니다.

기억하세요, 식당 직원이 여러분을 도와드릴 것입니다. 질문이 있거나 추천이 필요한 경우 주저하지 말고 문의하십시오. 식사 경험을 즐기십시오!

챗GPT의 대답을 요약해 질문과 함께 공부하기로 했다. 다음은 공항에서의 상황을 설정해 공부를 계속하기로 했다.

서점의 책들과 유튜브 영상도 온통 챗GPT 이야기다. 마치 챗GPT가 영어공부를 대신해 모든 것을 다 해주는 것처럼 광고하고 있다. 챗GPT는 텍스트 기반 인공지능 챗봇이다. 텍스트로만 질문하고 답한다. 언어는 읽고 쓰는 것뿐만 아니라 듣고 말할 수 있어야 하는데, 듣고 말하는 기능은 없다. 음성번역기와 같은 보조 프로그램을 함께 사용하면서 듣기 말하기 실력을 쌓는 것도 좋은 방법이다. 영어 작문을 하거나 GPT와 토론을 하는 것도 영어실력을 향상시키는 좋은 방법이다. 그리고 번역도 가능하므로 한글을 영문으로 또는 영어를 한글로 번역하는 수준이 아주 높다. 영어뿐 아니라 프랑스어, 스페인어, 일어, 중국어 등 각종 언어를 배우는데도 많은 도움을 받을 수 있다.

3 ⑤ 사업계획서

IT 기획팀 문 팀장은 내년도 사업 계획서를 작성하려고 팀원과 1주일을 야근을 했다. 매년 반복되는 것으로 새로운 아이디어가 나오지 않았다. 그래서 챗GPT에게 부탁했다.

챗GPT에게 사업계획서 아이디어부터 질문해보기로 했다.

Q. IT 사업계획서를 어떻게 작성해야 좋을지 좋은 아이디어를 알려줘

A. 사업 계획에 대한 참신한 아이디어를 떠올리는 것은 어려울 수 있습니다. 특히 프로세스가 반복적으로 느껴진다면 더욱 그렇습니다. 그러나 비즈니스 계획에 대한 새로운 아이디어를 생성하는 데 도움이 될 수 있는 몇 가지 일반적인 제안과 고려해야 할 영역을 제공할 수 있습니다.

1. 시장 조사: 고객 인구 통계, 추세 및 선호도를 포함하여 목표 시장

에 대한 철저한 분석을 수행합니다. 타겟팅할 수 있는 새로운 기회 또는 미개척 세그먼트를 식별합니다.

2. 경쟁 분석: 경쟁자를 연구하여 강점, 약점 및 전략을 이해합니다. 귀사의 비즈니스를 경쟁사와 차별화하고 고객에게 고유한 가치 제안을 제공할 수 있는 방법을 식별하십시오.

3. 제품/서비스 혁신: 기존 제품 또는 서비스를 개선하거나 새로운 제품을 개발하는 방법을 탐색합니다. 기술 발전을 통합하거나 특정 고객의 문제점을 해결하는 것을 고려하십시오.

4. 고객 경험: 고객 서비스 개선, 프로세스 합리화 또는 신기술 구현을 통해 전반적인 고객 경험 향상에 중점을 둡니다. 개인화 전략을 채택하거나 새로운 커뮤니케이션 채널을 탐색하는 것을 고려하십시오.

5. 지속 가능성 및 기업의 사회적 책임: 지속 가능한 관행을 통합하고 사회적 책임에 대한 약속을 보여줍니다. 환경, 사회 및 거버넌스(ESG) 원칙에 부합하는 이니셔티브를 개발합니다.

6. 디지털 혁신: 기술을 활용하여 내부 운영을 최적화하거나 프로세스를 자동화하거나 온라인 입지를 강화할 수 있는 기회를 평가합니다. 비즈니스에 도움이 될 수 있는 인공 지능, 블록체인 또는 가상현실과 같은 새로운 기술을 살펴보십시오.

7. 파트너십 및 협업: 시장 범위를 확장하고, 새로운 리소스에 대한 액세스를 제공하거나, 제품/서비스 제공을 향상할 수 있는 잠재적인 전략적 파트너십 또는 협업을 식별합니다.

8. 마케팅 및 광고: 마케팅 및 광고 전략이 효과적이고 현재 추세에 부합하는지 검토합니다. 소셜 미디어, 인플루언서 마케팅 또는 콘텐츠 마케팅을 활용하여 대상 고객에게 도달하는 것을 고려하십시오.

9. 인재 확보 및 개발: 인적 자원 요구 사항을 평가하고 최고의 인재를 유치 및 유지하기 위한 전략을 개발합니다. 인력의 기술을 향상시키기 위한 교육 및 개발 프로그램을 살펴보십시오.

10. 재무 계획: 포괄적인 재무 분석을 수행하고 다음 해에 대한 현실적인 예측을 개발합니다. 필요한 경우 비용 최적화, 수익 증가 및 잠재적 자금 조달을 위한 영역을 식별합니다.

이러한 제안은 일반적이며 특정 산업, 비즈니스 모델 및 목표에 맞게 조정해야 할 수도 있습니다. 브레인스토밍 세션에 팀원을 참여시켜 다양한 관점을 수집하고 함께 새로운 아이디어를 생성하는 것이 중요합니다.

일반적 사업계획서 작성에 대한 답변을 하고 있어 IT 입장에서 다시 답변해 달라고 질문하였더니 IT사업계획서 작성시 고려해야 할 아이디어를 다음과 같이 답변하였다.

Q. IT 기획팀 입장에서 다시 답변해 줘

A. 다음은 IT 기획 팀의 일원으로서 내년 사업 계획을 작성할 때 특히 IT 관점에서 고려할 수 있는 몇 가지 아이디어입니다.

1. 인프라 업그레이드: 현재 IT 인프라를 평가하고 업그레이드 또는 개

선이 필요한 영역을 식별합니다. 여기에는 하드웨어, 소프트웨어, 네트워킹 장비 또는 보안 시스템이 포함될 수 있습니다. 효율성, 확장성 및 보안을 개선할 수 있는 새로운 기술을 채택하는 것을 고려하십시오.

2. 사이버 보안 조치: 사이버 위협의 위험이 증가함에 따라 계획에서 사이버 보안 이니셔티브의 우선 순위를 지정하십시오. 여기에는 고급 방화벽, 침입 탐지 시스템, 암호화 프로토콜 및 정기적인 보안 감사 구현이 포함될 수 있습니다. 또한 인식을 높이고 내부 보안 위반의 위험을 최소화하기 위한 직원 교육 프로그램을 고려하십시오.

3. 클라우드 채택 전략: 특정 IT 서비스 또는 인프라를 클라우드로 마이그레이션할 때의 잠재적 이점을 평가합니다. 이를 통해 비용을 절감하고 유연성을 높이며 접근성을 높일 수 있습니다. 마이그레이션에 적합한 애플리케이션 또는 프로세스를 결정하고 전환을 위한 로드맵을 개발합니다.

4. 데이터 분석 및 비즈니스 인텔리전스: 데이터 분석 도구 및 기술을 활용하여 비즈니스 운영에 대한 귀중한 통찰력을 얻습니다. 정보에 입각한 의사 결정을 내리고 개선이 필요한 영역을 식별하는 데 도움이 되는 데이터를 수집, 분석 및 시각화하기 위한 계획을 개발합니다. 데이터 정확성, 개인 정보 보호 및 규정 준수를 보장하기 위해 데이터 거버넌스 정책 구현을 고려하십시오.

5. IT 서비스 관리: ITIL(Information Technology Infrastructure Library)과 같은

ITSM(IT 서비스 관리) 프레임워크를 구현하거나 민첩한 방법론을 채택하여 IT 서비스 제공을 강화합니다. SLA(서비스 수준 계약)를 설정하고 인시던트 관리, 문제 관리 및 변경 관리 프로세스를 간소화합니다.

6. 협업 및 커뮤니케이션 도구: 현재 협업 및 커뮤니케이션 도구를 평가하고 더 효율적이고 효과적인 솔루션이 있는지 확인합니다. 프로젝트 관리 소프트웨어, 팀 협업 플랫폼, 화상 회의 도구, 인스턴트 메시징 애플리케이션과 같은 옵션을 탐색하여 내부 커뮤니케이션과 팀워크를 개선하세요.

7. 비즈니스 연속성 및 재해 복구: 예상치 못한 중단이나 재해가 발생할 경우 비즈니스 연속성을 보장하기 위한 포괄적인 계획을 개발합니다. 백업 및 복구 솔루션을 구현하고, 오프사이트 데이터 저장소를 설정하고, 재해 복구 프로세스를 정기적으로 테스트합니다. 전염병이나 사이버 공격과 같은 새로운 위험의 잠재적 영향을 고려하십시오.

8. 디지털 혁신 이니셔티브: 조직 내에서 디지털 혁신을 위한 기회를 식별합니다. 여기에는 수동 프로세스 자동화, 종이 기반 워크플로 디지털화 또는 인공 지능, 기계 학습 또는 로봇 프로세스 자동화와 같은 새로운 기술 구현이 포함될 수 있습니다. 기술이 어떻게 효율성, 고객 경험 및 경쟁 우위를 향상시킬 수 있는지 알아보십시오.

9. IT 예산 및 리소스 계획: IT 예산을 검토하고 리소스를 효과적으로 할당하여 비즈니스 목표를 지원합니다. IT 서비스의 최적화 또는 통

합을 통해 비용 절감을 달성할 수 있는 영역을 식별합니다. 직원 교육 및 개발에 투자하여 팀 내에서 IT 기술과 전문성을 강화하는 것을 고려하십시오.

10. IT 거버넌스 및 규정 준수: 관련 규정 및 업계 표준을 준수하는지 확인합니다. IT 거버넌스 프레임워크를 개발하여 법률 및 규정 요구 사항에 부합하는 정책, 절차 및 제어를 설정합니다. 여기에는 GDPR과 같은 데이터 보호 규정 또는 HIPAA 또는 PCI DSS와 같은 산업별 규정 준수 표준이 포함됩니다.

이러한 IT 중심 아이디어는 비즈니스 계획의 출발점을 제공해야 합니다. 특정 조직의 요구 사항과 목표에 맞게 조정하고 팀 구성원과 협력하여 IT 전략과 일치하는 추가 아이디어를 브레인스토밍합니다.

답변이 너무 길어 요약해 표로 정리해 달라고 요청하였다.

Q. 위 내용을 요약해서 표로 만들어 줘

A.

기획팀 사업계획 아이디어	설명
인프라 업그레이드	하드웨어, 소프트웨어, 네트워킹 및 보안 시스템을 포함한 IT 인프라를 평가하고 업그레이드합니다.
사이버 보안 대책	고급 보안 조치를 구현하고 정기적인 감사를 실시하며 직원 교육을 제공하여 사이버 위협을 최소화합니다.
클라우드 채택 전략	비용 절감, 유연성 및 접근성을 위해 IT 서비스 또는 인프라를 클라우드로 마이그레이션할 때의 이점을 평가합니다.

데이터 분석 및 비즈니스 인텔리전스	데이터 분석 도구를 활용하여 정보에 입각한 의사 결정을 위한 통찰력을 얻고 정확성과 규정 준수를 위한 데이터 거버넌스 정책을 구현합니다.
IT 서비스 관리	ITSM 프레임워크를 구현하고 서비스 수준 계약(SLA)을 설정하며 인시던트, 문제 및 변경 관리 프로세스를 간소화합니다.
협업 및 커뮤니케이션 도구	협업 및 커뮤니케이션 도구를 평가하고 업그레이드하여 내부 팀워크 및 커뮤니케이션을 강화합니다.
비즈니스 연속성 및 재해 복구	비즈니스 연속성을 위한 포괄적인 계획을 개발하고 백업, 복구 및 오프사이트 데이터 스토리지 솔루션을 구현합니다.
디지털 트랜스포메이션 이니셔티브	효율성과 고객 경험을 개선하기 위해 디지털 변환, 자동화 및 새로운 기술에 대한 기회를 식별합니다.
IT 예산 및 자원 계획	IT 예산을 검토 및 최적화하고 리소스를 효과적으로 할당하며 기술 향상을 위해 직원 교육 및 개발에 투자합니다.
IT 거버넌스 및 규정 준수	규정 및 산업 표준을 준수하도록 IT 거버넌스 프레임워크, 정책 및 제어를 설정합니다.

이러한 아이디어는 사업 계획의 출발점이 될 수 있습니다. 특정 산업, 조직 및 목표에 따라 사용자 정의해야 합니다.

문팀장은 챗GPT가 제시한 아이디어를 어떻게 실행할지 구체적인 방법에 대한 솔루션을 먼저 검토해보기로 하고 챗GPT에 다음과 같이 질문했다.

Q. 위 항목별 구체적인 전략을 제시해 줘

A. 다음은 IT 계획 팀의 각 비즈니스 계획 아이디어에 대한 구체적인 전략입니다.

실전 사례로 배우는 챗GPT 활용법

1. 인프라 업그레이드:
   - 현재 인프라를 평가하여 오래되었거나 성능이 저하된 구성 요소를 식별합니다.
   - 하드웨어, 소프트웨어 및 네트워킹 장비 업그레이드를 위한 로드맵을 개발합니다.
   - 확장성과 비용 절감을 위해 가상화, 소프트웨어 정의 네트워킹 또는 하이퍼 컨버디드 인프라를 고려하십시오.
   - 차세대 방화벽, 침입방지시스템, SIEM(Security Information and Event Management) 솔루션을 구현하여 보안대책을 강화한다.
2. 사이버 보안 조치:
   - 정기적인 보안 평가 및 침투 테스트를 수행하여 취약점을 식별합니다.
   - MFA(다단계 인증) 및 강력한 암호 정책을 구현합니다.
   - 피싱 공격, 사회 공학 및 모범 사례에 대한 인식을 높이기 위해 직원에게 사이버 보안 교육을 제공합니다.
   - 엔드포인트 보호 플랫폼 및 보안 분석 도구와 같은 고급 위협 탐지 및 대응 솔루션을 배포합니다.
3. 클라우드 채택 전략:
   - 비용, 안정성 및 보안을 기반으로 다양한 클라우드 서비스 공급자의 적합성을 평가합니다.
   - 클라우드로의 마이그레이션에 적합한 워크로드 또는 애플리케이션을 결정합니다.

- 데이터 전송, 보안 및 기존 시스템과의 통합과 같은 요소를 고려하여 마이그레이션 계획을 개발합니다.
- 클라우드 모니터링 및 관리 도구를 구현하여 리소스 활용 및 비용 제어를 최적화합니다.

4. 데이터 분석 및 비즈니스 인텔리전스:

- 비즈니스 목표와 관련된 주요 메트릭 및 데이터 소스를 식별합니다.
- 데이터 웨어하우스 또는 데이터 레이크와 같은 데이터 수집 및 저장 시스템을 구현합니다.
- 데이터 시각화 및 보고 도구를 활용하여 통찰력을 분석하고 제시합니다.
- 데이터 기반 의사 결정을 위한 예측 모델링 또는 기계 학습과 같은 고급 분석 기술을 살펴보십시오.

5. IT 서비스 관리:

- ITIL과 같은 ITSM 프레임워크를 구현하여 프로세스를 표준화하고 서비스 품질을 개선합니다.
- 응답 및 해결 시간이 정의된 서비스 카탈로그 및 서비스 수준 계약(SLA)을 설정합니다.
- 명확한 워크플로 및 책임을 통해 사고 관리, 문제 관리 및 변경 관리 프로세스를 채택합니다.
- IT 서비스 관리 소프트웨어를 활용하여 서비스 제공을 간소화하고 사용자를 위한 셀프 서비스 기능을 활성화합니다.

6. 협업 및 커뮤니케이션 도구:

- 팀 공동 작업, 문서 공유 및 커뮤니케이션을 위해 Microsoft Teams, Slack 또는 Google Workspace와 같은 공동 작업 플랫폼을 평가합니다.
- 프로젝트 관리 도구를 구현하여 작업, 이정표 및 리소스 할당을 추적합니다.
- 원격 회의 및 가상 협업을 위해 화상 회의 솔루션을 통합합니다.
- 인스턴트 메시징 애플리케이션을 활성화하여 실시간 커뮤니케이션과 빠른 의사 결정을 촉진합니다.

7. 비즈니스 연속성 및 재해 복구:

- 명확하게 정의된 역할과 책임으로 포괄적인 비즈니스 연속성 계획을 개발합니다.
- 중요 데이터에 대한 백업 솔루션을 구현하고 정기적인 백업 일정을 수립합니다.
- 오프 사이트 데이터 저장소를 구축하거나 클라우드 기반 백업 서비스를 활용하십시오.
- 정기적인 재해 복구 훈련 및 테스트를 수행하여 복구 절차의 효율성을 확인합니다.

8. 디지털 혁신 이니셔티브:

- 워크플로 자동화 도구를 사용하여 자동화할 수 있는 수동 또는 종이 기반 프로세스를 식별합니다.

- 프로세스 최적화를 위한 인공 지능, 기계 학습 또는 로봇 프로세스 자동화와 같은 새로운 기술을 살펴보십시오.
- 통합되고 능률적인 운영을 위해 고객 관계 관리(CRM) 또는 전사적 자원 관리(ERP) 시스템을 구현합니다.
- 개인화된 추천, 챗봇 또는 가상 도우미를 통해 온라인 고객 경험을 향상시킵니다.

9. IT 예산 및 리소스 계획:
- 현재 IT 비용을 평가하고 소프트웨어 라이선스 통합 또는 클라우드 비용 관리와 같은 최적화 영역을 식별합니다.
- IT 직원의 필요한 업그레이드, 교육 및 개발을 위한 예산을 할당합니다.
- 비핵심 IT 기능을 관리 서비스 제공업체에 아웃소싱하여 비용을 줄이는 것을 고려하십시오.
- IT 자산 관리 프로세스를 구현하여 하드웨어 및 소프트웨어 리소스 사용을 추적하고 최적화합니다.

10. IT 거버넌스 및 규정 준수:
- 업계 표준 및 규제 요구 사항에 부합하는 IT 거버넌스 프레임워크, 정책 및 절차를 수립합니다.
- 보안 표준 및 데이터 보호 규정 준수를 보장하기 위해 정기적인 IT 감사를 수행합니다.

챗GPT가 우리 팀원들이 조사하고 작성하는 것보다 훨씬 빠른 속도로 구체적인 실행전략을 제시해 주었다. 일단 챗GPT를 이용해 사업계획서 초안을 작성하고 우리회사 사정에 맞게 수정작업을 진행하는 것이 더 효과적일 것이라 판단하고 사업계획서 목차에서부터 효과까지 계속 분석을 진행해보기로 하였다.

Q. 위 내용을 근거로 IT 기획팀의 내년 사업계획서 목차를 만들어 줘

A. 다음은 IT 기획팀의 내년 사업 계획 개요입니다.

1. 요약
   - 주요 목표와 결과를 강조하여 IT 비즈니스 계획에 대한 간결한 개요를 제공합니다.

2. 소개
   - 조직과 현재 IT 환경을 소개합니다.
   - 비즈니스 계획의 목적과 범위를 설명하고 다가오는 연도의 전략적 IT 계획의 중요성을 강조합니다.

3. IT 비전, 사명 및 목표
   - IT 부서를 위한 명확한 비전 선언문을 정의하여 조직의 전반적인 비전과 일치시킵니다.
   - 조직의 목표를 지원하는 IT의 목적과 역할을 설명하는 사명 선언문을 만드십시오.
   - 다가올 연도의 IT 계획 팀을 위한 구체적인 목표와 목표를 설정하

여 SMART(구체적, 측정 가능, 달성 가능, 관련성, 시간 한정)가 되도록 합니다.

4. IT SWOT 분석

- IT 부서의 강점, 약점, 기회 및 위협에 대한 종합적인 분석을 수행합니다.
- IT 성능 및 효율성에 영향을 미치는 내부 및 외부 요인을 식별합니다.
- SWOT 분석을 사용하여 전략 및 이니셔티브 개발을 알립니다.

5. 인프라 업그레이드 전략

- 현재 IT 인프라를 평가하고 업그레이드 또는 개선이 필요한 영역을 식별합니다.
- 비즈니스 요구 사항 및 기술 발전에 따라 인프라 업그레이드의 우선 순위를 지정합니다.
- 비용, 일정 및 잠재적 이점을 고려하여 인프라 업그레이드 구현을 위한 세부 계획을 개발합니다.

6. 사이버 보안 및 데이터 보호 전략

- 조직의 사이버 보안 및 데이터 보호 조치를 평가합니다.
- 잠재적인 위험과 취약점을 식별합니다.
- 고급 보안 솔루션 구현, 정기 보안 감사 및 직원 교육 프로그램을 포함하여 포괄적인 사이버 보안 전략을 개발합니다.

7. 클라우드 채택 및 마이그레이션 전략

- IT 서비스 또는 인프라를 클라우드로 마이그레이션할 때의 이점과 위험을 평가합니다.

- 마이그레이션에 적합한 특정 애플리케이션 또는 프로세스를 식별합니다.
- 데이터 보안, 규정 준수 및 비용 영향을 고려하여 클라우드로의 단계적 마이그레이션을 위한 로드맵을 개발합니다.

8. 데이터 분석 및 비즈니스 인텔리전스 전략
- 귀중한 통찰력을 얻기 위해 데이터 분석 및 비즈니스 인텔리전스를 활용하기 위한 전략을 정의합니다.
- 데이터 정확성, 개인 정보 보호 및 규정 준수를 보장하기 위해 데이터 거버넌스 정책 및 관행을 수립합니다.
- 데이터 분석 도구 및 기술을 구현하여 의사 결정을 지원하고 비즈니스 성장을 촉진합니다.

9. IT 서비스 관리 강화 전략
- ITSM(IT 서비스 관리) 사례, 프레임워크 및 도구를 채택하고 최적화합니다.
- 인시던트 관리, 문제 관리, 변경 관리 및 서비스 수준 관리 프로세스를 간소화합니다.
- 효과적인 ITSM 구현을 통해 IT 서비스 제공 및 고객 만족도를 향상시킵니다.

10. 디지털 트랜스포메이션 이니셔티브
- 조직 내에서 디지털 혁신을 위한 기회를 식별합니다.
- 수동 프로세스를 자동화하고 워크플로를 디지털화하며 인공 지능,

기계 학습 또는 로봇 프로세스 자동화와 같은 새로운 기술을 탐색합니다.

- 운영 효율성을 개선하고 고객 경험을 향상하며 경쟁 우위를 확보하기 위해 디지털 변환 이니셔티브를 구현하기 위한 로드맵을 개발합니다.

11. IT 예산 및 자원 계획

- IT 예산을 검토하고 조직의 전략적 목표에 맞추십시오.
- 비용 최적화 및 효율성 향상을 위한 영역을 식별합니다.
- 사업 계획 이니셔티브의 구현을 지원하기 위해 자원을 효과적으로 할당합니다.

12. IT 거버넌스 및 규정 준수 전략

- 관련 규정 및 산업 표준을 준수하는지 확인하십시오.
- IT 거버넌스 프레임워크, 정책 및 제어를 설정합니다.
- 규정 준수를 정기적으로 모니터링하고 평가하여 위험을 완화하고 데이터 보안을 유지합니다.

13. 커뮤니케이션 및 이해관계자 참여 방안

- 이해 관계자에게 IT 이니셔티브, 진행 상황 및 이점에 대한 정보를 제공하기 위한 커뮤니케이션 계획을 개발합니다.
- 주요 이해관계자와 교류하여 피드백을 수집하고 그들의 요구와 기대에 부합하도록 합니다.

14. 실행 계획 및 일정

- 각 이니셔티브에 대한 타임라인, 이정표 및 책임자를 포함하여 자세한 구현 계획을 개발합니다.
- 정기적으로 진행 상황을 모니터링하고 각 이니셔티브의 구현을 추적합니다.
- 문제를 해결하고 적절한 실행을 보장하기 위해 필요에 따라 계획을 조정합니다.

15. 위험 관리 및 비상 계획
- 잠재적인 위험을 식별하고 이를 완화하기 위한 전략을 개발합니다.
- 예상치 못한 상황이 발생할 경우 중단을 최소화하고 비즈니스 연속성을 보장하기 위한 비상 계획을 수립합니다.

16. 성과 측정 및 평가
- 핵심 성과 지표(KPI)를 정의하여 IT 이니셔티브의 성공을 측정합니다.
- 구현된 프로젝트 및 이니셔티브의 성과를 정기적으로 추적하고 평가합니다.
- 수집된 데이터를 사용하여 정보에 입각한 결정을 내리고 개선 영역을 식별하며 지속적인 개선을 추진합니다.

17. 교육 및 개발
- IT 팀의 기술을 평가하고 개선이 필요한 영역을 식별합니다.
- 기술 전문성을 강화하고 진화하는 기술을 따라잡기 위한 교육 및 개발 계획을 개발합니다.

- 전문적인 성장의 기회를 제공하고 팀 내에서 지식 공유를 장려합니다.

18. 예산 및 재무 분석

- 계획된 모든 이니셔티브 및 리소스 요구 사항을 고려하여 IT 부서에 대한 자세한 예산을 만듭니다.
- 예산 준수를 보장하기 위해 비용을 모니터링하고 제어합니다.
- 재무 분석을 수행하여 IT 이니셔티브의 투자 수익(ROI)을 평가하고 조직에 대한 가치를 입증합니다.

19. 커뮤니케이션 및 보고

- IT 이니셔티브의 진행 상황, 성과 및 과제에 대해 이해 관계자에게 정기적으로 업데이트하는 커뮤니케이션 전략을 수립합니다.
- IT 프로젝트가 조직의 목표와 목적에 미치는 영향을 요약한 포괄적인 보고서를 준비합니다.
- 협업과 지원을 촉진하기 위해 투명성과 개방형 커뮤니케이션 채널을 보장합니다.

20. 결론

- 핵심 사항을 요약하고 IT 비즈니스 계획의 예상 결과를 강조 표시합니다.
- 조직의 전략적 목표와 IT 이니셔티브의 정렬을 강화합니다.
- 지속적인 평가, 적응 및 지속적인 개선의 중요성을 강조합니다.

21. 부록

- 지원 문서, 연구 결과, 세부 프로젝트 계획 및 추가 관련 정보를 포함합니다.

이것은 샘플 개요이며 조직의 특정 요구 사항과 우선 순위에 따라 수정하고 사용자 정의할 수 있습니다.

사업계획서 목차와 세부내용까지 구체적으로 제시해 주었다. 그래서 소요예산과 손익효과에 대해 물었다.

Q. 위 계획을 실행하는데 소요되는 예산과 손익효과를 구체적으로 분석해 줘

A. 실행 계획을 실행하는 데 필요한 예산과 이후의 손익 효과를 분석하기 위해 각 측면을 보다 포괄적으로 살펴보겠습니다.

1. 예산 추정:

- 각 이니셔티브와 프로젝트를 더 작은 작업과 활동으로 나눕니다.
- 인력, 하드웨어, 소프트웨어 및 외부 서비스와 같은 각 작업에 필요한 특정 리소스를 식별합니다.
- 조달 비용, 라이센스 비용, 인건비 및 추가 비용을 포함하여 각 리소스에 대한 자세한 비용 견적을 얻습니다.
- 총 예상 예산을 결정하기 위해 모든 작업 및 활동에 대한 비용을 합산합니다.

2. 재정 계획:

- 수익 창출 및 비용 절감에 대한 각 이니셔티브의 잠재적 영향을 평가합니다.
- 각 이니셔티브의 구현으로 인한 수익 또는 비용 절감의 예상 증가를 정량화합니다.
- 운영 효율성 향상, 유지 보수 비용 절감, 고객 유지 증가 또는 경쟁력 강화와 같은 직간접적인 재무 효과를 모두 고려하십시오.
- 과거 데이터, 시장 조사 및 업계 벤치마크를 활용하여 정확한 예측을 합니다.

3. 손익 분석:
- 초기 투자 및 지속적인 비용을 포함하여 실행 계획을 구현하는 것과 관련된 예상 비용을 계산합니다.
- 이니셔티브로 인한 잠재적인 수익 증가 및 비용 절감을 추정합니다.
- 예상 이익에서 예상 비용을 빼서 순 재정 영향을 결정합니다.
- 이점을 실현하기 위한 일정을 고려하고 잠재적인 지연 또는 구현 위험 요인을 고려하십시오.

4. 민감도 분석:
- 재무 결과의 잠재적 변화를 평가하기 위해 민감도 분석을 수행합니다.
- 불확실성을 설명하기 위해 낙관적, 비관적, 가능성이 가장 높은 것과 같은 다양한 시나리오를 평가합니다.
- 가능한 결과의 범위를 제공하기 위해 민감도 분석을 기반으로 재무

예측을 조정합니다.

- 재무 결과에 영향을 줄 수 있는 핵심 요소를 식별하고 잠재적 영향을 평가합니다.

5. ROI 평가:

- 순 재무 영향을 초기 투자로 나누어 각 이니셔티브의 투자 수익(ROI)을 계산합니다.

- 초기 투자금을 회수하는 데 필요한 시간을 결정하기 위해 회수 기간을 평가합니다.

- 이니셔티브의 장기적 수익성을 평가하기 위해 순현재가치(NPV) 또는 내부수익률(IRR)과 같은 추가 재무 지표를 고려하십시오.

- ROI 및 기타 메트릭스를 조직의 재무 목표 및 업계 벤치마크와 비교하여 실행 계획의 효과를 측정합니다.

6. 재무 보고:

- 예산 추정, 예상 비용, 예상 이익 및 재무 분석을 요약한 포괄적인 재무 보고서를 준비합니다.

- CEO, CFO 및 기타 의사 결정자를 포함한 주요 이해 관계자에게 결과를 명확하고 간결하게 제시하십시오.

- 분석에 사용된 가정, 방법론 및 데이터 출처에 대한 자세한 설명을 포함합니다.

- 재무 분석을 기반으로 권장 사항을 제공하고 긍정적인 재무 영향 가능성이 가장 높은 이니셔티브를 강조합니다.

철저한 예산 분석 및 재무 평가를 수행함으로써 실행 계획을 구현하는 데 필요한 자원과 잠재적인 손익 효과를 더 깊이 이해할 수 있습니다. 이를 통해 정보에 입각한 결정을 내리고, 이니셔티브의 우선순위를 정하고, 리소스를 효과적으로 할당하여 조직의 재정적 이익을 극대화할 수 있습니다.

소요예산과 손익효과분석에 필요한 자료수집방법과 손익분석방법을 제시해주었다. 챗GPT에게 사업계획서 전체 작성을 주문해 보았다.

Q. 위의 내용을 근거로 사업계획서를 만들어 줘

A. 혼란을 드려 죄송합니다. 하지만 AI 텍스트 기반 모델로서 위에 제공된 정보를 기반으로 완전한 사업 계획을 생성할 수 없습니다. 사업 계획을 세우려면 구체적인 사업, 산업, 대상 시장, 재무 예측에 대한 깊은 이해가 필요하며 자세한 정보와 분석 없이는 정확하게 결정할 수 없습니다. 그러나 사업 계획 개발을 위한 출발점으로 사용할 수 있는 일반적인 개요를 제공할 수 있습니다.

1. 요약:
   • 비즈니스 개념, 사명 및 비전에 대한 개요를 제공하십시오.
   • 사업 계획의 주요 하이라이트를 요약하십시오.
2. 회사 설명:

- 법적 구조 및 산업을 포함하여 귀하의 비즈니스를 설명하십시오.
- 귀하의 제품 또는 서비스의 고유한 측면과 가치 제안을 설명하십시오.

3. 시장 분석:
- 목표 시장, 경쟁 및 산업 동향을 이해하기 위해 시장 조사를 수행하십시오.
- 목표 고객과 그들의 요구 사항을 파악하십시오.

4. 제품 또는 서비스 라인:
- 기능 및 이점을 포함하여 제품 또는 서비스를 자세히 설명하십시오.
- 귀하의 제품이 목표 시장의 요구를 어떻게 충족시키는지 설명하십시오.

5. 마케팅 및 판매 전략:
- 대상 고객에게 도달하기 위한 마케팅 및 판매 접근 방식을 설명합니다.
- 가격 전략, 유통 채널 및 판촉 전술을 정의하십시오.

6. 조직 구조 및 관리:
- 회사의 조직 구조와 주요 팀원의 역할과 책임을 설명하십시오.
- 관리 팀의 자격과 전문성을 강조하십시오.

7. 운영 계획:
- 귀하의 비즈니스가 일상적으로 어떻게 운영되는지 설명하십시오.
- 생산 프로세스, 공급망 관리 및 필요한 시설이나 장비를 간략하게 설명하십시오.

8. 재정 계획:

- 소득 예측, 현금 흐름 예측 및 손익분기점 분석을 포함한 현재 재무 제표.

- 초기 투자 요구 사항 및 예상 수익에 대한 정보를 포함합니다.

9. 자금 요청:

- 외부 자금 조달을 원하는 경우 자금 요구 사항을 지정하십시오.

- 자금이 비즈니스 성장을 지원하는 데 어떻게 사용되는지 설명하십 시오.

10. 위험 분석 및 비상 계획:

- 귀하의 비즈니스가 직면할 수 있는 잠재적인 위험과 도전을 식별하 십시오.

- 위험을 완화하고 비즈니스 연속성을 보장하기 위한 전략을 개발합 니다.

11. 실행 계획:

- 비즈니스를 시작하고 성장시키는 데 필요한 단계를 간략하게 설명 하십시오.

- 현실적인 일정, 이정표 및 실행 계획을 설정합니다.

12. 평가 및 모니터링:

- 비즈니스 성과를 추적하고 평가하는 방법을 설명하십시오.

- 성공을 측정하기 위해 핵심 성과 지표(KPI)를 식별합니다.

이는 일반적인 개요일 뿐이며 특정 비즈니스 모델, 산업 및 목표에 맞게 각 섹션을 사용자 지정해야 합니다. 정확하고 효과적인 사업 계획을 세우기 위해서는 각 부문에 대한 철저한 조사와 분석이 중요합니다.

챗GPT는 사업계획서를 작성하는데 필요한 정보를 제공하고 있다. 심층 질문으로 IT사업계획서 작성에 필요한 기본적인 정보들이 대부분 수집되었다. 챗 GPT 단계별 사업계획서 수립 시 고려해야 주요 내용들을 일목요연하게 보여주고 있다. 사업계획서 수립에 필요한 아이디어를 정리하는 수준까지만 활용하기로 하고 팀원들과 회의를 하여 사업계획서 목차를 수정하고 세부내용을 작성하여 사업계획서를 완성하였다.

〈활용방안〉

챗GPT는 전략수립이나 비전, 사업제안 등 이론에 기반한 정보들은 빠르게 제공한다. 따라서 재무데이터를 이용한 분석이 아닌 사업의 개요, 배경, 목적, 비전, 실행전략 등을 수립하는데 훨씬 많은 시간을 절약할 수 있다. 질문과 다른 답을 할 경우 구체적으로 질문해 주는 것이 좋으며 '계속해'라고 입력을 하면 추가적으로 더 깊이 있는 답변을 제공하고 있는 점도 활용에 참고할 만하다. 동일한 질문을 계속하더라도 항상 동일한 답변을 하지 않는다. 챗GPT에게만 묻지 말고 다른 챗봇과 검색엔진 등을 통해 상호검증cross check를 하면 더 충실한 사업 계획서를 만들 수 있다.

4 ⑤ 개발 제안서 작성

소프트웨어 개발업체에 근무하는 이 팀장은 금융기관으로부터 IT Help Desk 개발 제안서 작성 요청을 받고 문제에 봉착했다. 서비스센터 구축 및 운영관련 제안서를 아무런 정보가 없어 챗 GPT의 도움을 받아 다른 금융기관들의 구축 및 운영사례들을 수집하여 참고하기로 하였다. 먼저 다른 금융기관들의 IT Help Desk 구축사례에 대해 질문해 보기로 했다.

Q. IT help desk 를 구축한 금융기관들이 있는지 알려줘

A. 예, 많은 금융 기관에서 직원과 고객에게 기술 지원을 제공하기 위해 IT 헬프 데스크를 설립했습니다. 이러한 헬프 데스크는 일반적으로 IT 관련 문제를 해결하고 금융 기관 내에서 다양한 기술 관련 문제에

대한 지원을 제공합니다. 다음은 IT 헬프 데스크를 구현한 금융 기관의 몇 가지 예입니다.

1. 은행: JPMorgan Chase, Bank of America, Citibank, Wells Fargo 및 HSBC와 같은 주요 은행에는 IT 관련 문제가 있는 직원과 고객을 지원하기 위한 IT 헬프 데스크가 있습니다. 이러한 헬프 데스크는 소프트웨어 및 하드웨어 문제, 네트워크 연결 및 계정 액세스를 포함한 광범위한 기술 문제를 처리합니다.

2. 보험 회사: Allstate, State Farm, Progressive 및 AIG와 같은 보험 회사에는 종종 전담 IT 헬프 데스크가 있습니다. 이러한 헬프 데스크는 소프트웨어 애플리케이션, 온라인 포털 및 연결 문제를 포함하여 기술 관련 문제가 있는 직원과 상담원을 지원합니다.

3. 투자 회사: Goldman Sachs, Morgan Stanley, BlackRock 및 Vanguard와 같은 대형 투자 회사는 거래 플랫폼, 투자 소프트웨어, 데이터 분석 도구 및 네트워크 인프라와 같은 영역에서 직원을 지원하는 IT 헬프 데스크를 보유하고 있습니다.

4. 신용 카드 회사: American Express, Visa, Mastercard 및 Discover와 같은 회사에는 직원, 가맹점 및 고객을 위한 기술 지원을 처리하는 IT 헬프 데스크가 있습니다. 이러한 헬프 데스크는 지불 처리 시스템, 온라인 계정 관리 및 사기 방지 도구와 관련된 문제를 지원합니다.

5. 금융 기술[Fintech] 회사: PayPal, Square, Stripe 및 Robinhood를 포함한

Fintech 회사는 고객에게 기술 지원을 제공하고 온라인 결제 플랫폼, 모바일 앱 및 기타 금융 관련 문제를 해결하기 위해 IT 헬프 데스크를 보유하고 있습니다.

특정 금융 기관은 IT 서비스 데스크, 기술 지원 센터 또는 기술 지원 센터와 같이 IT 지원 기능에 대해 다른 이름을 가질 수 있습니다. 그러나 IT 관련 문제에 대한 기술 지원 및 지원을 제공하는 핵심 목적은 동일합니다.

주로 외국계 금융기관들의 IT Help Desk 구축사례를 제시해 주고 있어 한국 금융기관들의 구축사례를 다시 질문하였다.

Q. 한국 금융기관들의 IT help desk 구축사례를 알려줘

A. 네, 한국의 많은 금융 기관은 직원과 고객에게 기술 지원과 지원을 제공하기 위해 IT 헬프 데스크를 설립했습니다. 이러한 헬프 데스크는 IT 관련 문제를 해결하며 금융 시스템 및 서비스의 원활한 운영을 보장하는 데 중요한 역할을 합니다. 한국의 은행, 보험 회사, 증권 회사 및 신용 카드 회사와 같은 금융 기관은 업계의 복잡한 기술 요구 사항을 처리하기 위해 전담 IT 지원 팀의 중요성을 인식했습니다. 이러한 헬프 데스크는 사용자 계정 관리 및 시스템 유지 관리에서 소프트웨어 지원 및 네트워크 문제 해결에 이르는 다양한 서비스를 포함하여 적시에 효율적인 지원을 제공하기 위해 24시간 운영되는 경우가 많습니다.

실전 사례로 배우는 챗GPT 활용법

외국계 구축사례처럼 금융기관명을 제시하지 않아 다시 질문하였더니 애매한 대답을 하고 있다.

Q. 금융기관들 이름을 알려줘

A. AI 언어 모델로서 한국의 금융 기관에 대한 실시간 정보나 특정 데이터에 대한 액세스 권한이 없습니다. 따라서 한국에서 IT 헬프데스크를 구축한 특정 금융기관의 이름을 알려드릴 수는 없습니다. 그러나 국내 주요 은행, 보험사, 증권사, 신용카드사는 내부 업무 및 고객 서비스를 지원하기 위해 자체 IT 헬프데스크를 두는 것이 일반적입니다.

실시간 정보가 없어 특정 금융기관의 이름을 알려줄 수 없다고 한다. 그래서 실시간 정보를 검색해 알려주는 빙ChatGPT에 물어보기로 했다.

빙ChatGPT Q. IT help desk를 구축한 한국금융기관들을 알려줘

빙ChatGPT A. 한국의 금융기관들 중에서 help desk를 구축한 기관들은 한국은행과 관련된 금융기관(은행, 비은행예금취급기관, 증권회사, 보험회사, 기타 금융회사)입니다. 이외에도 다른 금융기관에서도 help desk를 구축하고 있을 수 있습니다.

챗GPT 비슷한 답변을 내어놓았다. 구글 바드에게도 질문해 보았다.

Q. 한국 금융기관의 IT help desk 구축사례는?

A. 네. 한국 금융 기관들이 IT 헬프 데스크를 구축한 사례는 다음과 같습니다.

- 신한은행은 2016년 콜센터와 IT 헬프 데스크를 통합한 '디지털 컨택센터'를 구축했습니다. 디지털 컨택센터는 고객의 금융 거래, IT 문의, 민원 처리 등을 한 곳에서 처리할 수 있도록 하며, 인공지능[AI]과 로봇 프로세스 자동화[RPA] 기술을 활용해 고객 응대의 효율성을 높였습니다.

- 국민은행은 2017년 챗봇 'AI 콜리'를 도입했습니다. AI 콜리는 고객의 금융 거래, IT 문의, 민원 처리 등을 챗봇으로 처리할 수 있도록 하며, 24시간 365일 고객 응대를 제공합니다.

- 우리은행은 2018년 'AI 콜센터'를 구축했습니다. AI 콜센터는 고객

의 금융 거래, IT 문의, 민원 처리 등을 AI가 처리할 수 있도록 하며, 24시간 365일 고객 응대를 제공합니다.

이러한 사례들은 한국 금융 기관들이 IT 헬프 데스크를 구축하여 고객 서비스의 질을 높이고, 비용을 절감하고자 하는 노력의 일환입니다. IT 헬프 데스크는 고객의 IT 문의를 처리하고, IT 시스템의 문제를 해결함으로써 고객 서비스의 질을 높이는 데 기여할 수 있습니다. 또한 IT 헬프 데스크는 에스컬레이션을 줄이고, 비용을 절감하는 데에도 기여할 수 있습니다.

5월 10일 이후 바드가 한글을 지원하면서 영어로 번역하지 않고 한글 질문에 적절한 응답을 제공하였다. 외국계 뿐만 아니라 한국금융기관에서의 구축사례가 확인되어 챗GPT에 계속 질문하기로 했다.

Q. 금융기관의 IT help desk 역할은?

A. IT 헬프 데스크의 역할은 컴퓨터 하드웨어, 소프트웨어 또는 기타 기술 관련 문제에 직면한 사용자에게 기술 지원 및 지원을 제공하는 것입니다. 헬프 데스크는 사용자가 IT 문제를 보고하고, 문제 해결 지침을 찾고, 문제에 대한 해결책을 받을 수 있는 중앙 연락 창구 역할을 합니다. IT 헬프 데스크의 주요 책임은 다음과 같습니다.

1. 문제 해결: 헬프 데스크 직원이 사용자가 직면한 기술적 문제를 진단하고 해결합니다. 그들은 문제를 분석하고 관련 질문을 하여 문제를 이해하고 문제 해결을 위한 단계별 지침을 제공합니다.

2. 기술 지원: 헬프 데스크 전문가는 소프트웨어 설치, 하드웨어 구성, 네트워크 연결, 이메일 설정 및 기타 기술 관련 문의와 같은 다양한 IT 관련 문제에 대한 기술 지원을 제공합니다.

3. 인시던트 관리: 사용자가 보고한 인시던트를 관리하고 문서화하여 수명 주기 동안 추적합니다. 여기에는 사고 기록 및 분류, 심각도에 따라 우선 순위 지정, 필요한 경우 적시 해결 또는 에스컬레이션 보장이 포함됩니다.

4. 지식 기반 관리: 헬프 데스크는 지식 기반 또는 일반적으로 발생하는 문제와 해결 방법의 저장소를 유지 관리합니다. 이를 통해 기존 문서 및 과거 사례를 참조하여 빠르고 효율적인 지원을 제공할 수 있습니다.

5. 커뮤니케이션 및 고객 서비스: 헬프 데스크 직원은 전문적이고 고

객 지향적인 방식으로 사용자와 상호작용합니다. 사용자 문제를 이해하고 사용자 친화적인 방식으로 기술 개념을 설명하며 지원 프로세스 전반에 걸쳐 고객 만족을 보장할 수 있는 효과적인 커뮤니케이션 기술을 보유해야 합니다.

6. 교육 및 사용자 교육: 헬프 데스크는 기본 문제 해결, 소프트웨어 사용 및 IT 문제를 최소화하기 위한 예방 조치에 대해 사용자를 교육하기 위해 교육 세션을 실시하거나 사용자 친화적인 가이드를 만들 수 있습니다.

전반적으로 IT 헬프 데스크는 조직 내에서 원활한 기술 운영을 보장하고 사용자에게 즉각적인 지원을 제공하며 높은 수준의 사용자 만족도를 유지하는 데 중요한 역할을 합니다.

금융기관들이 IT Help desk를 구축하려는 목적과 IT HELP DESK의 역할이 무엇인지 어느정도 이해할 수 있었다. 시스템구축을 위해 고려해야 할 내용들, 수주를 위한 핵심전략, 리스크, 개인정보관리 방안 등을 좀 더 확인한 후 제안 목차를 만들어 세부 입찰전략을 수립하기로 하고 챗GPT에 질문을 계속하였다.

Q. IT help desk 구축 시 고려해야 할 내용들을 알려줘

A. 금융 기관을 위한 IT 헬프 데스크를 구축할 때 몇 가지 주요 요소를 고려해야 합니다. 고려해야 할 중요한 측면은 다음과 같습니다.

1. 비즈니스 요구 및 목표: 금융 기관의 특정 비즈니스 요구 및 목표를 이해합니다. 운영에 중요한 기술 시스템, 애플리케이션 및 서비스를 식별합니다. 이러한 이해는 IT 헬프 데스크의 초점, 범위 및 우선 순위를 형성하는 데 도움이 됩니다.

2. 규정 준수 및 보안: 금융 산업에 적용되는 규제 요구 사항 및 보안 표준을 고려하십시오. IT 헬프 데스크가 이러한 규정을 준수하고 강력한 보안 조치를 구현하여 중요한 재무 데이터 및 고객 정보를 보호하는지 확인하십시오.

3. 사용자 요구 사항: 직원, 고객 및 가능한 외부 파트너를 포함하여 IT 헬프 데스크와 상호 작용할 다양한 사용자 그룹을 식별합니다. 고객의 요구 사항, 기대치 및 선호하는 커뮤니케이션 채널을 파악하여 그에 따라 지원 서비스를 맞춤화하십시오.

4. 인력 및 기술: 헬프 데스크를 효과적으로 운영하는 데 필요한 인력 수준과 기술을 평가합니다. 예상되는 지원 규모와 복잡성에 따라 헬프 데스크 직원의 수를 결정합니다. 강력한 기술적 배경, 고객 서비스 기술 및 압박 속에서도 일할 수 있는 능력을 갖춘 개인을 고용하는 것을 고려하십시오.

5. 인프라 및 도구: IT 헬프 데스크 운영을 지원하는 데 필요한 인프라 및 기술 도구를 결정합니다. 여기에는 발권 시스템, 원격 지원 소프트웨어, 지식 관리 플랫폼 및 통신 도구가 포함될 수 있습니다. 이러한 도구가 기관의 기존 기술 인프라와 잘 통합되는지 확인하십시오.

6. 서비스 수준 계약(SLA): 예상 응답 시간, 문제 해결 목표 및 고객 만족 목표를 설명하는 명확한 SLA를 정의합니다. 이러한 SLA는 IT 헬프 데스크의 성능 및 품질에 대한 벤치마크 역할을 하며 사용자 기대치를 관리하는 데 도움이 됩니다.

7. 프로세스 및 워크플로: 사고 관리, 문제 해결, 서비스 요청 처리 및 에스컬레이션 절차를 위한 효율적인 프로세스 및 워크플로를 설계합니다. 지속적인 개선을 위해 이러한 프로세스를 잘 문서화하고 정기적으로 검토해야 합니다.

8. 교육 및 지식 관리: 기술 능력, 고객 서비스 능력 및 제품 지식을 향상시키기 위해 헬프 데스크 직원을 위한 포괄적인 교육 프로그램을 제공합니다. 지식 기반 또는 지식 관리 시스템을 구축하여 모범 사례, 알려진 문제 및 솔루션을 캡처하고 공유합니다.

9. 커뮤니케이션 및 협업: IT 헬프 데스크와 금융 기관 내 다른 IT 팀 간의 효과적인 커뮤니케이션 및 협업 채널을 조성합니다. 이는 지식 공유, 문제 해결을 촉진하고 사고 해결을 위한 원활한 조정을 보장합니다.

10. 지속적인 개선: IT 헬프 데스크 내에서 지속적인 개선 문화를 촉진합니다. 정기적으로 사용자 피드백을 수집하고 성능 메트릭스를 분석하며 헬프 데스크의 효율성, 효과 및 사용자 만족도를 향상시키기 위한 변경 사항을 구현합니다.

이러한 요소를 고려하여 금융 기관은 조직의 특정 요구 사항을 충족하고 사용자에게 탁월한 지원을 제공하며 기관의 기술 운영의 전반적인 성공에 기여하는 IT 헬프 데스크를 구축할 수 있습니다.

내용이 너무 많아 표로 만들어 요약해 달라고 요청하였더니 간략하게 도표로 제시해 주고 있다.

Q. IT Help Desk 시 고려해야 할 내용들을 알려줘

A. 다음은 금융 기관을 위한 IT 헬프 데스크를 구축할 때 주요 고려 사항을 강조하는 요약된 표입니다.

고려사항	설명
비즈니스 요구 사항 및 목표	기관의 특정 비즈니스 요구 사항, 기술 시스템 및 서비스를 이해하여 헬프 데스크 초점을 형성합니다.
규정 준수 및 보안	금융 데이터를 보호하기 위해 업계 규정을 준수하고 강력한 보안 조치를 구현하십시오.
사용자 요구사항	지원 서비스 및 커뮤니케이션 채널을 적절하게 조정하기 위해 사용자 그룹 및 요구 사항을 식별합니다.
인력 및 기술	기술 및 서비스 전문 지식을 결합하여 효율적인 헬프 데스크 운영에 필요한 인력 수준과 기술을 결정합니다.
인프라 및 도구	발권 시스템, 원격 지원 소프트웨어 및 지식 관리 플랫폼과 같은 적절한 기술 도구를 평가하고 구현합니다.
서비스 수준 계약(SLA)	응답 시간, 문제 해결 목표 및 고객 만족 목표에 대한 명확한 SLA를 정의합니다.
프로세스 및 워크플로우	인시던트 관리, 문제 해결 및 서비스 요청 처리를 위한 효율적인 프로세스 및 워크플로를 설계합니다.
교육 및 지식 관리	포괄적인 교육 프로그램을 제공하고 직원 개발 및 효율적인 문제 해결을 위한 지식 기반을 구축합니다.

실전 사례로 배우는 챗GPT 활용법

소통과 협업	헬프 데스크와 다른 IT 팀 간의 효과적인 커뮤니케이션 및 협업 채널을 촉진합니다.
지속적인 개선	지속적인 개선 문화를 촉진하고, 사용자 피드백을 수집하고 개선을 위한 성능 지표를 분석합니다.

이러한 요소를 고려하면 금융 기관의 요구 사항에 부합하고 규제 요구 사항을 충족하며 효과적인 지원을 제공하고 지속적으로 서비스를 개선하는 IT 헬프 데스크를 성공적으로 구축할 수 있습니다.

발주처의 요구사항을 먼저 이해하고 금융기관이라는 점을 고려하여 보안 및 규정준수를 강조하고 있고, 인력과 기술, 시스템 운영을 위한 IT팀과 헬프데스크와의 소통과 협업까지 통상 다른 제안서를 제출할 때 고려사항들을 정리하여 제시하고 있다. 이제 핵심전략을 질문해 보았다.

Q. 프로젝트 수주를 위해 어떤 전략을 제시해야 할까?

A. 프로젝트 입찰을 따내기 위해 프로젝트 입찰 회사는 자신의 역량, 전문성 및 가치 제안을 보여주는 포괄적인 전략을 제시해야 합니다. 다음은 전략에 포함할 몇 가지 주요 구성 요소입니다.

1. 클라이언트의 요구 사항 이해: 프로젝트에 대한 클라이언트의 요구 사항, 목표 및 기대치를 이해하기 위해 철저한 조사 및 분석을 수행합니다. 특정 요구 사항을 해결하고 목표에 맞는 솔루션을 제공하

도록 전략을 조정하십시오.

2. 명확한 가치 제안: 입찰 회사의 고유한 가치 제안을 명확하게 설명합니다. 성공적인 프로젝트를 제공한 회사의 경험, 실적 및 전문성을 강조하십시오. 회사의 역량과 리소스가 어떻게 프로젝트에 가장 적합한지 보여줍니다.

3. 프로젝트 접근 방식 및 방법론: 회사에서 프로젝트 실행 계획을 개략적으로 설명하는 자세한 프로젝트 접근 방식과 방법론을 제시합니다. 효율적인 프로젝트 관리, 적시 제공 및 고품질 결과를 보장하기 위해 사용할 단계, 프로세스 및 도구를 설명하십시오.

4. 팀 구성 및 전문성: 프로젝트에 배정될 프로젝트 팀원의 자격과 경험을 강조합니다. 유사한 영역에서 관련 기술, 업계 지식 및 성공적인 프로젝트 제공을 보여줍니다. 팀이 프로젝트를 효과적으로 처리하는 데 필요한 전문성을 갖추고 있음을 보여줍니다.

5. 위험 관리: 잠재적 위험을 식별하고 이를 완화하기 위한 전략을 설명하는 강력한 위험 관리 계획을 제시합니다. 입찰 회사가 사전에 문제를 해결하고 불확실성을 관리하며 합의된 일정 및 예산 내에서 프로젝트 성공을 보장하는 방법을 보여줍니다.

6. 경쟁력 있는 가격 책정: 비용 효율성과 필수 자원 및 품질 기준의 균형을 맞추는 경쟁력 있고 정당한 가격 책정 구조를 제공합니다. 비용 내역을 명확하게 설명하고 가격 가정에 투명성을 제공합니다.

7. Client References and Testimonials: 입찰 회사와 함께 일한 이전 고

객의 추천서 및 추천서를 제공하십시오. 성공적인 프로젝트 결과, 고객 만족 및 긍정적인 피드백을 보여 신뢰와 신뢰성을 구축하십시오.

8. 협업 및 커뮤니케이션: 프로젝트 수명 주기 전반에 걸쳐 효과적인 협업 및 커뮤니케이션의 중요성을 강조합니다. 입찰 회사가 고객과 적극적으로 소통하고 정기적인 진행 상황 업데이트를 제공하며 강력한 업무 관계를 조성하는 방법을 강조합니다.

9. 지속 가능하고 혁신적인 솔루션: 지속 가능성과 혁신에 대한 입찰 회사의 약속을 보여줍니다. 프로젝트가 장기적 가치를 제공하기 위해 환경친화적 관행, 에너지 효율 조치 또는 최첨단 기술을 통합하는 방법을 보여줍니다.

10. 일정 및 이정표: 잘 정의된 이정표 및 산출물과 함께 명확한 프로젝트 일정을 제시합니다. 마감일을 맞추고 프로젝트 일정을 효과적으로 관리하는 능력을 보여줍니다.

11. 프로젝트 후 지원: 프로젝트 완료 후에도 고객이 만족할 수 있도록 프로젝트 후 지원 및 유지 보수 서비스를 제공합니다. 해당되는 경우 입찰 회사가 지속적인 지원, 문제 해결 및 시스템 개선을 제공하는 방법을 설명합니다.

12. 제안 프레젠테이션: 잘 구성되고 오류가 없으며 탐색하기 쉬운 전문적이고 시각적으로 매력적인 제안 문서를 준비합니다. 고객에게 긍정적인 인상을 주기 위해 형식, 언어 및 전반적인 프레젠테이션에

주의를 기울이십시오.

이러한 요소를 전략에 통합함으로써 프로젝트 입찰 회사는 성공적인 결과를 제공하기 위한 전문 지식, 신뢰성 및 약속을 보여주어 자신을 프로젝트에 대한 이상적인 선택으로 자리매김할 수 있습니다.

동일 주제로 채팅을 계속하면 할수록 대답은 점점 길어지면서 구체화되는 경향이 있다. IT Help Desk에 대해 여러 번 질문과 응답이 이어지면서 챗GPT가 질문 내용을 충분히 이해하고 있기 때문이라고 볼 수 있다.

Q. 위 내용을 요약해 표로 보여줘

A.

구성 요소	요약
클라이언트의 요구 이해	고객의 요구 사항과 목표를 해결하기 위한 전략을 철저하게 조사하고 맞춤화합니다.
명확한 가치 제안	회사의 경험, 전문성 및 그들이 프로젝트에 가장 적합한 이유를 보여주십시오.
프로젝트 접근 및 방법론	프로젝트 실행 방법을 설명하는 자세한 계획을 제시하십시오.
팀 구성 및 전문성	프로젝트 팀원의 자격과 경험을 강조하십시오.
리스크 관리	잠재적인 위험을 식별하고 이를 완화하기 위한 전략을 설명합니다.
경쟁력 있는 가격	경쟁력 있고 정당한 가격 구조를 제공합니다.
클라이언트 참조 및 평가	신뢰와 신뢰성을 구축하기 위해 참조 및 평가를 제공하십시오.
협업과 소통	프로젝트 전반에 걸쳐 효과적인 협업과 커뮤니케이션을 강조합니다.

지속 가능하고 혁신적인 솔루션	지속 가능한 관행과 혁신적인 솔루션의 통합을 강조하십시오.
일정 및 이정표	잘 정의된 이정표와 함께 명확한 프로젝트 타임라인을 제시합니다.
사후지원	프로젝트 완료 후 지속적인 지원 및 유지 관리를 제공합니다.
제안서 발표	전문적이고 시각적으로 매력적인 제안 문서를 준비하십시오.

이러한 구성 요소를 고려하고 이를 프로젝트 입찰 전략에 통합함으로써 기업은 고객의 요구 사항을 해결하고 프로젝트 낙찰 가능성을 높이는 매력적인 제안을 제시할 수 있습니다.

금융기관들이 IT Help Desk를 구축해 운영하는데 발생할 수 있는 리스크 요인들을 질문해 보았다.

Q. 금융기관의 IT help desk 리스크는?

A. 금융 기관은 다음과 같은 여러 IT 헬프데스크 위험에 직면할 수 있습니다.

1. 데이터 유출 및 보안 위험: 금융 기관은 민감한 고객 정보를 다루기 때문에 사이버 범죄자의 매력적인 표적이 됩니다. IT 헬프 데스크는 적절한 보안 조치가 마련되지 않은 경우 데이터 유출, 무단 액세스 또는 보안 사고에 취약할 수 있습니다.

2. 운영 중단: IT 헬프데스크 시스템 및 인프라는 하드웨어 또는 소프트웨어 오류, 네트워크 중단 또는 정전과 같은 기술적 문제 또는 중

단을 경험할 수 있습니다. 이러한 중단은 IT 지원 서비스의 가용성과 응답성에 영향을 미칠 수 있습니다.

3. 규정 준수 및 규제 위험: 금융 기관은 데이터 보호법, 개인 정보 보호 규정 및 산업 표준과 같은 엄격한 규정 준수 및 규제 요구 사항의 적용을 받습니다. IT Help Desk 운영을 통해 이러한 규정을 준수하지 않으면 처벌 및 법적 결과를 초래할 수 있습니다.

4. IT 헬프데스크 역량 부족: 금융 기관은 특히 사용량이 많은 기간이나 중요한 사건이 발생하는 동안 많은 양의 IT 지원 요청을 경험할 수 있습니다. IT 헬프데스크의 역량이 부족하면 SLA(서비스 수준 계약)를 충족하고 사용자 요구 사항을 적절하게 해결하는 데 어려움을 겪을 수 있습니다.

5. 부적절한 교육 및 기술: IT 헬프 데스크 직원은 광범위한 IT 문제를 처리하는 데 필요한 기술 및 지식을 보유해야 합니다. 교육이 부족하거나 숙련된 인력이 부족하면 해결 시간이 길어지고 사용자 만족도가 떨어지며 잠재적인 오류 또는 구성 오류가 발생할 수 있습니다.

6. 문제 및 문제 관리 부실: 문제 및 문제 관리 프로세스가 비효율적이면 해결 시간이 길어지고 문제가 반복되며 사용자가 만족하지 못할 수 있습니다. 적절한 사고 및 문제 관리 관행이 없으면 금융 기관은 운영 중단 및 비용 증가에 직면할 수 있습니다.

7. 커뮤니케이션 및 협업 부족: IT 헬프 데스크 팀과 다른 부서 또는 외부 공급업체 간의 커뮤니케이션 및 협업이 부적절하면 문제 해결

을 방해하고 전반적인 서비스 품질에 영향을 미칠 수 있습니다. 효율적인 커뮤니케이션 채널과 조정은 효과적인 IT 지원에 필수적입니다.

8. 기술 노후화: 금융 기관은 다양한 IT 시스템과 기술에 의존합니다. IT 헬프 데스크가 진화하는 기술에 보조를 맞추지 못하거나 오래된 시스템을 업그레이드하지 못하면 호환성 문제, 제한된 기능 및 효율성 감소로 이어질 수 있습니다.

이러한 위험을 완화하기 위해 금융 기관은 강력한 보안 조치를 구현하고, 정기적인 위험 평가를 수행하고, 직원 교육 및 개발에 투자하고, 규정 준수를 보장하고, 사건 및 문제 관리 프로세스를 수립하고, 효과적인 커뮤니케이션 및 협업을 촉진하고, 최신 정보를 유지해야 합니다.

조금이라도 발생할 수 있는 리스크 요인들을 미리 찾아내어 제거하거나 향후 발생할 수 있는 위험이라면 대책을 수립해 놓아야 한다. 따라서 리스크 요인을 더 확인하기 위해 '계속해'라고 입력하였다.

Q. "계속해"라고 입력했더니 더 많은 위험요인들을 제시해 주었다.

A. 사용자 오류 및 인식 부족: 사용자는 오류 또는 지식 부족을 통해 의도치 않게 IT 문제를 일으킬 수 있습니다. 이로 인해 지원 요청이 증가하고 문제 해결이 지연되며 잠재적인 데이터 손실 또는 시스템 중단

이 발생할 수 있습니다.

1. 공급업체 및 제3자 위험: 금융 기관은 종종 IT 지원 서비스 또는 소프트웨어 애플리케이션을 위해 공급업체 및 제3자 제공업체에 의존합니다. 부적절한 공급업체 관리, 서비스 수준 계약 또는 취약한 타사 시스템에 대한 의존은 IT 헬프 데스크 운영에 위험을 초래하고 데이터 보안을 손상시킬 수 있습니다.

2. 변경 관리 문제: IT 시스템의 변경 사항을 구현하거나 새로운 기술을 도입하는 것은 적절한 변경 관리 프로세스를 따르지 않으면 문제가 될 수 있습니다. 제대로 관리되지 않은 변경 사항은 시스템 오류, 사용자 불만 및 IT 지원 서비스 중단으로 이어질 수 있습니다.

3. 자산 및 구성 관리: IT 자산 및 구성의 부적절한 추적 및 관리는 문제를 식별, 문제 해결 또는 해결하는 데 어려움을 초래할 수 있습니다. 또한 규정 위반 및 비효율적인 리소스 할당으로 이어질 수 있습니다.

4. 서비스 연속성 및 재해 복구: 금융 기관은 자연재해, 사이버 공격 또는 시스템 장애와 같은 중단이 발생한 경우 서비스 연속성 및 재해 복구를 보장하기 위한 조치를 갖추어야 합니다. 적절한 비상 계획이 없으면 IT 헬프데스크 운영과 전반적인 비즈니스 연속성에 큰 영향을 미칠 수 있습니다.

5. 직원 이직률 및 지식 보유: IT 헬프데스크 팀 내에서 높은 이직률 또는 지식 보유 부족은 전문성 상실, 연속성 격차 및 문제 해결 효

율성 감소를 초래할 수 있습니다. 이러한 위험을 완화하려면 적절한 지식 관리 및 교육 프로그램이 필요합니다.

6. 성능 모니터링 및 지표: IT 헬프데스크 성능 지표에 대한 모니터링이 부적절하면 개선 영역 식별, 서비스 수준 계약 충족 및 사용자 만족 보장에 어려움을 겪을 수 있습니다. 정기적인 성능 분석 및 피드백 메커니즘은 서비스 품질을 유지하고 향상시키는 데 필수적입니다.

금융 기관은 강력한 위험 관리 프레임워크를 구현하고, 정기적인 감사 및 평가를 실시하고, 효과적인 사용자 교육 프로그램을 수립하고, 보안 인식 문화를 조성하고, IT 헬프데스크 운영을 지속적으로 모니터링하고 개선함으로써 이러한 위험을 선제적으로 해결해야 합니다. 이러한 위험을 완화함으로써 금융 기관은 시스템, 데이터 및 고객 신뢰를 보호하면서 원활하고 효율적인 IT 지원 서비스를 보장할 수 있습니다.

리스크 요인들을 정리하기 위해 표로 만들어 달라고 요청하였더니 너무 길게 표 안에 설명을 하고 있어 3줄 이내로 줄여 달라고 다시 입력하였다.

Q. 위내용을 요약해 표로 만들어 보여줘

A.

위험 요인	설명
데이터 침해 및 보안 위험	민감한 데이터의 무단 액세스 및 손상.
운영 중단	서비스 이용 불가 및 지연을 유발하는 기술적 문제.
규정 준수 및 규제 위험	데이터 보호 및 산업 표준을 준수하지 않습니다.
IT 헬프데스크 역량 부족	리소스가 부족하여 응답 시간이 길어집니다.
부적절한 교육 및 기술	문제 해결 및 사용자 만족도에 영향을 미치는 기술 부족.
부실한 사고 및 문제 관리	지연 및 반복되는 문제를 유발하는 비효율적인 프로세스.
소통과 협업의 부족	문제 해결에 영향을 미치는 부적절한 팀워크 및 조정.
기술 노후화	호환성과 효율성을 저해하는 구식 시스템.
사용자 오류 및 인식 부족	실수와 지시 부족으로 인해 지원 요청이 증가합니다.
공급업체 및 제3자 위험	외부 서비스 공급자 및 벤더와 관련된 위험.
변경 관리 과제	시스템 변경 및 신기술 관리의 어려움.
자산 및 구성 관리	IT 자산의 부적절한 관리로 인해 발생하는 문제.
서비스 연속성 및 재해 복구	서비스 중단 위험 및 비상 계획 부족.
직원 이직 및 지식 보유	높은 이직률로 인한 전문성 및 연속성 상실.
성능 모니터링 및 지표	서비스 품질에 영향을 미치는 부적절한 성능 추적.

위험요인에 대한 설명이 조금 부족해 보이긴 하지만 이해하기에 어려움은 없어 보였다. 개인정보 보호방안을 질문했다.

Q. 개인정보관리방안을 알려줘

A. 개인 정보 관리에는 개인 데이터의 프라이버시, 기밀성 및 보안을 보호하기 위한 적절한 조치의 구현이 포함됩니다. 다음은 개인 정보 관

리를 위한 몇 가지 주요 관행입니다.

1. 데이터 보호 정책: 개인 정보 보호에 대한 조직의 약속을 설명하는 포괄적인 데이터 보호 정책을 개발하고 구현합니다. 데이터 수집의 목적, 합법적 처리 근거, 개인 데이터 취급 및 저장 절차를 명확하게 정의합니다.

2. 동의 및 투명성: 개인 정보를 수집하기 전에 개인으로부터 정보에 입각한 동의를 얻습니다. 데이터와 관련된 목적, 범위 및 처리 활동에 대한 명확하고 투명한 정보를 제공합니다. 개인이 자신의 개인 정보에 관한 자신의 권리를 인식하도록 합니다.

3. 데이터 최소화: 의도된 목적에 필요한 개인 정보만 수집 및 보유합니다. 과도하거나 불필요한 데이터 수집을 피하십시오. 보유 데이터를 정기적으로 검토하여 오래되었거나 더 이상 필요하지 않은 개인 데이터를 식별하고 삭제합니다.

4. 보안 조치: 개인 정보를 무단 액세스, 손실 또는 오용으로부터 보호하기 위해 강력한 보안 조치를 구현합니다. 여기에는 암호화, 액세스 제어, 방화벽 및 정기 보안 감사와 같은 조치가 포함될 수 있습니다. 최신 보안 패치로 소프트웨어와 시스템을 최신 상태로 유지하십시오.

5. 직원 교육: 데이터 보호, 개인 정보 보호 원칙 및 개인 정보 취급 모범 사례에 대해 직원에게 정기적인 교육 및 인식 프로그램을 제공합니다. 직원이 자신의 책임과 기밀 유지 및 보안 유지의 중요성을

이해하도록 합니다.

6. 데이터 위반 대응 계획: 개인 정보의 무단 액세스, 공개 또는 손실과 관련된 모든 사고에 신속하고 효과적으로 대응하기 위해 데이터 위반 대응 계획을 개발하고 구현합니다. 계획에는 알림, 완화 및 복구 절차가 포함되어야 합니다.

7. 제3자 관리: 개인 정보에 접근할 수 있는 제3자 서비스 제공자를 고용할 때 실사를 수행합니다. 적절한 데이터 보호 조치를 취하고 개인 정보 보호 규정을 준수하는지 확인하십시오. 개인 정보를 제3자와 공유할 때 보호하기 위한 계약상의 안전 장치를 구현하십시오.

8. 개인 정보 영향 평가: 개인 정보 수집 또는 처리와 관련된 새로운 프로세스, 기술 또는 시스템을 도입할 때 개인 정보 영향 평가(PIA)를 수행합니다. 그러한 이니셔티브를 구현하기 전에 프라이버시에 대한 잠재적 위험을 평가하고 필요한 보호 조치를 구현하십시오.

9. 규정 준수: GDPR(일반 데이터 보호 규정) 또는 CCPA(캘리포니아 소비자 개인 정보 보호법)와 같은 관련 데이터 보호법 및 규정을 최신 상태로 유지하십시오. 데이터 보호, 개인 정보 보호 고지, 개인 권리 및 데이터 전송 메커니즘과 관련된 법적 요구 사항을 준수하는지 확인합니다.

10. 정기적인 감사 및 검토: 규정 준수를 평가하고 취약성을 식별하며 필요한 개선 사항을 구현하기 위해 데이터 관리 관행에 대한 정기적인 감사 및 검토를 수행합니다. 새로운 위험과 진화하는 개인 정보 보호 문제를 사전 예방적으로 해결하십시오.

이러한 관행을 따르면 조직은 개인 정보를 효과적으로 관리하고 개인의 프라이버시 권리를 유지하며 고객 및 이해 관계자와의 신뢰를 구축할 수 있습니다.

표로 만들어 줄 것을 요청하였다.

Q. 위 내용을 요약해 표로 만들어 줘

A.

주요 사례	설명
데이터 보호 정책	데이터 보호 조치, 데이터 수집 목적 및 처리 절차를 설명하는 포괄적인 정책을 개발합니다.
동의 및 투명성	정보에 입각한 동의를 얻고, 데이터 처리에 대한 명확한 정보를 제공하고, 개인이 자신의 권리를 인식하도록 합니다.
데이터 최소화	필요한 개인정보만을 수집·보유하고, 오래된 정보는 정기적으로 검토·삭제합니다.
보안 조치	무단 액세스 또는 손실로부터 개인 정보를 보호하기 위해 강력한 보안 조치를 구현합니다.
직원 교육	데이터 보호 및 개인 정보 보호 모범 사례에 대해 직원에게 정기적인 교육을 제공합니다.
데이터 유출 대응 계획	알림 및 완화 절차를 포함하여 데이터 침해에 신속하고 효과적으로 대응할 계획을 수립합니다.
제3자 관리	제3자 서비스 제공업체에 대한 실사를 수행하고 데이터 보호를 위한 계약상의 안전 장치를 구현합니다.
개인 정보 영향 평가	새로운 프로세스나 기술을 도입할 때 개인 정보 위험을 식별하고 해결하기 위한 평가를 수행합니다.

규정 준수	데이터 보호법을 최신 상태로 유지하고 법적 요구 사항을 준수하는지 확인하십시오.
정기 감사 및 검토	정기적인 감사 및 검토를 수행하여 규정 준수를 평가하고 취약성을 식별하며 개선 사항을 구현합니다.

이러한 주요 사례는 개인 정보를 효과적으로 관리하고 개인 정보를 보호하며 데이터 보호 규정을 준수하기 위한 프레임워크를 제공합니다.

핵심내용 위주로 요약해서 깔끔하게 내용을 정리해 보여주었다. 마지막으로 제안작성에 핵심인 제안전략을 질문해 보았다.

Q. IT help desk 파업 시 대응 방안을 핵심내용 위주로 요약해서 보여줘

A. 다음은 헬프데스크 파업 시 고려해야 할 대책을 요약한 것입니다.

1. 상황 평가: IT 지원 서비스에 대한 파업의 범위와 영향을 평가합니다.

2. 커뮤니케이션: 파업 직원 및 사용자와 투명한 커뮤니케이션을 유지하고 정기적인 업데이트를 제공합니다.

3. 임시 직원 배치: 파업 기간 동안 임시 또는 교체 직원을 배치합니다.

4. 우선 순위 지정 및 지원 간소화: 중요한 문제 해결에 집중하고 지원 프로세스를 간소화합니다.

5. 셀프 서비스 및 지식 기반: 사용자가 자가 해결 리소스 및 지식 기반을 활용하도록 권장합니다.

6. 에스컬레이션 및 협업: 대체 지원 채널을 구축하고 협업을 촉진합

니다.

7. 임시 SLA: 임시 직원 또는 외부 공급자와 임시 서비스 수준 계약을
정의합니다.

8. 협상 및 중재: 문제를 해결하기 위해 대화에 참여하고 중재를 모색
합니다.

9. 지속적인 개선: 기본 문제를 평가하고 파업 후 개선 사항을 구현합
니다.

10. 장기 계획: 향후 잠재적인 파업의 영향을 완화하기 위한 비상 계획
을 개발합니다.

이러한 대책을 따르면 조직은 헬프데스크 파업을 탐색하고 필수 IT 지
원 서비스를 유지하며 파업 상황을 효과적으로 해결하기 위해 노력할
수 있습니다.

이제 제안서 작성에 필요한 기본적인 정보는 수집되었다. 제안요
청서의 일반사항들은 챗GPT의 대답을 참고하여 작성하고 핵심
전략은 챗GPT가 제시한 전략을 참고하되 제안 팀원들과 영업팀,
수주지원팀들과 회의를 통해 전략을 수립하여 차별화된 제안서
를 작성하기로 하였다.

〈활용방안〉

제안 일반사항을 작성하는데 많은 시간을 소비하면 정작 핵심에

집중할 시간이 부족하다. 챗GPT는 제안작업의 효율성을 높여준다. 빠르게 유사프로젝트를 검색해 구축목적, 리스크 요인, 고려해야 할 요소들에 대한 정보를 손쉽게 얻을 수 있다. 그러나 챗GPT가 제안전략이나 가격, 입찰전략까지 제시해 주지는 않는다. 이는 AI가 대체할 수 없는 온전히 사람의 몫이다. 제안서는 제한된 시간 안에 사업개요와 목적을 파악하고 경쟁사와 차별화된 전략을 제시해야 한다. 최종적으로 제안팀 회의를 통해 팀원들의 아이디어를 반영해야만 차별화된 제안서가 만들어진다.

실전 사례로 배우는 챗GPT 활용법

5 ◉ 연설문 작성

중견기업 비서실에 근무하는 최비서는 수많은 업무에 눈코 뜰 새가 없다. 하루 전에 갑자기 '중소기업의 발전 방향'에 대해 써 오라는 사장님의 지시가 내려왔다. 챗GPT를 활용해 연설문을 작성해 보기로 했다.

Q. 한국 중소기업이 나아갈 길에 대해 알려줘

A. 한국 중소기업(중소기업)이 앞으로 나아가는 길에는 성장, 혁신 및 경쟁력 육성을 목표로 하는 몇 가지 주요 전략과 이니셔티브가 포함됩니다. 앞으로 나아갈 길의 몇 가지 중요한 측면은 다음과 같습니다.

1. 정부 지원: 한국 정부는 중소기업 지원에 중요한 역할을 합니다. 재정 지원을 제공하고 규제 부담을 줄이며 기업가 정신을 장려하기

위해 다양한 정책과 이니셔티브를 구현했습니다. 이 지원에는 자금 지원, 세금 인센티브 및 간소화된 행정 프로세스에 대한 액세스가 포함됩니다.

2. 디지털 트랜스포메이션: 디지털 기술을 수용하고 디지털 트랜스포메이션을 진행하는 것은 한국 중소기업의 미래를 위해 매우 중요합니다. 인공 지능, 빅 데이터 분석, 클라우드 컴퓨팅 및 전자 상거래와 같은 기술을 채택하면 운영 효율성을 향상하고 새로운 비즈니스 모델을 가능하게 하며 시장 범위를 확장할 수 있습니다.

3. 혁신 및 R&D: 한국 중소기업은 혁신을 주도하고 경쟁력을 유지하기 위해 연구 개발R&D에 집중해야 합니다. 연구 기관, 대학 및 대기업과의 협력을 통해 지식 교환을 촉진하고 기술 발전을 촉진할 수 있습니다. R&D 활동을 장려하기 위해 정부 보조금 및 자금 지원 프로그램을 이용할 수 있습니다.

4. 해외 진출: 한국 중소기업은 고객 기반을 다변화하고 내수 의존도를 줄이기 위해 해외 시장을 개척해야 합니다. 수출 진흥 이니셔티브, 무역 박람회 및 전시회 참가, 외국 파트너와의 협력을 통해 해외 확장을 촉진할 수 있습니다. 강력한 네트워크를 구축하고 현지 시장 역학을 이해하는 것은 성공적인 국제 확장에 필수적입니다.

5. 기업가 정신과 창업 생태계: 기업가 정신을 키우고 활기찬 창업 생태계를 조성하는 것은 한국 중소기업의 성장을 위해 매우 중요합니다. 위험을 감수하는 문화를 장려하고, 멘토십 프로그램을 제공하

고, 벤처 캐피털 및 엔젤 투자자에 대한 접근을 용이하게 하면 혁신적인 신생 기업의 설립과 성장을 지원할 수 있습니다.

6. 지속 가능성 및 ESG: 환경, 사회 및 거버넌스(ESG) 요소가 전 세계적으로 주목을 받고 있습니다. 한국 중소기업은 탄소 배출 감소, 녹색 기술 채택, 사회적 책임 촉진, 올바른 거버넌스 보장과 같은 지속 가능한 관행을 수용해야 합니다. 이러한 조치는 경쟁력을 강화하고 사회적 의식이 있는 소비자를 유치하며 국제 표준을 준수할 수 있습니다.

7. 기술 개발 및 인재 확보: 숙련된 인력을 개발하고 인재를 유치하는 것은 한국 중소기업의 성공에 매우 중요합니다. 커리큘럼을 업계 요구에 맞추기 위해 교육 기관과 협력하고, 교육 프로그램을 제공하고, 매력적인 작업 환경을 조성하면 재능 있는 사람을 유치하고 유지하는 데 도움이 될 수 있습니다.

8. 협업 및 네트워킹: 중소기업, 대기업, 연구 기관 및 정부 기관 간의 협업은 혁신을 촉진하고 시너지 효과를 창출할 수 있습니다. 산업 클러스터 구축, 지식 공유 장려 및 파트너십 촉진을 통해 리소스 공유, 경쟁력 강화 및 시장 기회 증가를 가져올 수 있습니다.

이러한 전략을 추구함으로써 한국 중소기업은 앞으로 나아갈 길을 탐색하고 점점 더 경쟁이 치열해지고 세계화되는 비즈니스 환경에서 기회를 포착할 수 있습니다. 정부의 지원, 디지털 전환, 혁신, 국제화, 기업가 정신, 지속 가능성, 인재 개발 및 협업은 미래의 성장과 성공을 위한 핵심 기둥입니다.

8가지 방향을 제시해주었는데 괜찮은 아이디어라는 생각이 들었다. 전체 내용을 요약해 표로 만들어 달라고 요청했다.

Q. 위 내용을 표로 요약해 보여줘

A. 다음은 한국 중소기업을 위한 경로를 표 형식으로 요약한 것입니다.

주요측면	설명
정부 지원	한국 정부가 제공하는 재정 지원, 세세 혜택 및 규제 부담 감소.
디지털 트랜스포메이션	운영 효율성과 새로운 비즈니스 모델을 위해 AI, 빅 데이터, 클라우드 컴퓨팅, 전자 상거래와 같은 기술을 수용합니다.
혁신 및 R&D	연구 개발, 연구 기관과의 협력, 정부 보조금 활용에 중점을 둡니다.
국제적 확장	해외 시장 개척, 수출 진흥, 무역 박람회 참가, 해외 파트너와의 협업.
기업가 정신	스타트업 생태계 육성, 위험 감수 장려, 멘토십 프로그램, 벤처 캐피탈 이용.
지속 가능성 및 ESG	지속 가능한 관행 수용, 탄소 배출량 감소, 사회적 책임 촉진 및 훌륭한 거버넌스.
기술 개발	교육 기관, 교육 프로그램과의 협력 및 매력적인 작업 환경 조성.
협업 및 네트워킹	혁신 및 시장 기회를 위해 다른 중소기업, 대기업, 연구 기관 및 정부 기관과 협력합니다.

이러한 측면은 발전하는 비즈니스 환경에서 성장, 경쟁력 및 성공을 가능하게 하는 한국 중소기업의 진로에 총체적으로 기여합니다.

표로 잘 정리해 보여주었다. 챗GPT가 어떤 근거로 이런 방향을 제시했는지 알아보기 현재 우리나라 중소기업이 처해있는 상황에 대해 질문했다.

Q. 현재 한국 중소기업이 처해 있는 상황을 알려줘

A. 2021년 9월 제 지식 마감 시점을 기준으로 한국 중소기업(SME)의 현재 상황은 기회와 도전으로 특징지어졌습니다.

1. 경제에 대한 기여: 중소기업은 한국 경제에서 중요한 역할을 합니다. 그들은 고용의 상당 부분을 차지하고 GDP 성장에 기여하며 혁신과 기업가 정신을 육성합니다. 중소기업은 제조, 서비스, 기술 및 소매를 포함한 다양한 부문에서 운영됩니다.

2. 글로벌 인지도: 한국 중소기업은 기술력과 혁신으로 국제적인 인정을 받았습니다. 전자, 자동차, 화장품 및 엔터테인먼트와 같은 분야의 기업들은 성공적으로 글로벌 입지를 확장하여 브랜드 인지도 및 수출 기회를 창출했습니다.

3. 과제: 그러나 한국 중소기업은 몇 가지 과제에 직면해 있습니다. 자본 및 자금 조달에 대한 제한된 접근은 R&D 투자, 운영 확장 또는 대기업과의 경쟁을 어렵게 만드는 일반적인 장애물입니다. 더욱이 규제의 복잡성, 관료적 장애물, 경직된 노동 시장은 중소기업에 추가적인 부담을 줄 수 있습니다.

4. 디지털화 노력: 많은 한국 중소기업이 디지털 전환의 중요성을 인식하고 디지털 기술을 운영에 적극적으로 통합해 왔습니다. 그러나

디지털화 수준은 중소기업마다 다를 수 있으며 일부는 자원 제약
이나 디지털 전문성 부족으로 인해 첨단 기술을 채택하는 데 뒤처
져 있습니다.

5. COVID-19의 영향: COVID-19 대유행은 전 세계적으로 한국 중
소기업에 상당한 영향을 미쳤습니다. 특히 소매, 관광 및 접객업과
같은 부문의 중소기업은 봉쇄, 소비자 지출 감소, 공급망 문제로 인
한 혼란에 직면했습니다. 정부는 중소기업에 대한 영향을 완화하기
위해 금융 지원, 대출 프로그램 및 세금 감면과 같은 지원 조치를
시행했습니다.

6. 정부 지원: 한국 정부는 중소기업 지원에 적극적이다. 자금 조달에
대한 접근성을 높이고 규제를 합리화하며 기업가 정신을 촉진하기
위한 정책과 이니셔티브를 구현했습니다. 지원 조치에는 보조금 제
공, 창업 인큐베이터 육성, 중소기업과 대기업 간의 협력 촉진도 포
함됩니다.

7. 국제 무역: 한국 중소기업은 성장과 확장을 위해 국제 무역에 크게
의존합니다. 수출 진흥 프로그램, 무역 사절단, 무역 박람회 참여와
같은 정부 주도의 이니셔티브는 중소기업의 글로벌 시장 진출을 촉
진했습니다. 각종 자유무역협정 체결로 중소기업의 수출 판로 확대
도 가능해졌습니다.

한국 중소기업의 구체적인 현재 상황은 내가 지식이 단절된 이후 진화
했을 수 있다는 점에 유의하는 것이 중요합니다. 가장 최신 정보를 얻

실전 사례로 배우는 챗GPT 활용법

으려면 한국 중소기업에 관한 최신 개발에 초점을 맞춘 최근 보고서
및 출처를 참조하는 것이 좋습니다.

2021년 9월까지의 정보를 바탕으로 답변이 작성되었으므로 이후
상황이 변경되었을 수 있다고 하면서 최신정보가 필요할 경우 다
른 보고서를 참조하라고 알려주고 있다. 내용을 표로 정리해두고
최신정보를 검색해 알려주는 구글 바드에게도 질문해보기로 했다.

Q. 위 내용을 요약해 표로 보여줘

A. 다음은 한국 중소기업(SME)의 현재 상황을 표 형식으로 요약한 개요
입니다.

주요 측면	설명
경제 기여	중소기업은 한국 경제에서 중요한 역할을 하며 고용, GDP 성장, 혁신 및 기업가 정신에 기여합니다.
글로벌 인지도	한국 중소기업은 전자, 자동차, 화장품, 엔터테인먼트 등의 분야에서 기술력과 혁신성을 국제적으로 인정받고 있습니다.
도전	중소기업은 자본에 대한 제한된 접근, 복잡한 규제, 관료적 장애물, 경직된 노동 시장과 같은 문제에 직면해 있습니다.
디지털화 노력	중소기업은 디지털 기술을 운영에 적극적으로 통합하고 있지만 디지털화 수준은 중소기업마다 다를 수 있습니다.
COVID-19의 영향	COVID-19 팬데믹은 특히 소매, 관광 및 접객업과 같은 부문의 중소기업에 영향을 미쳐 혼란과 정부 지원 조치를 초래했습니다.
정부 지원	한국 정부는 자금 조달 접근, 규제 합리화, 기업가 정신 촉진을 포함하여 중소기업을 지원하기 위한 정책과 이니셔티브를 구현했습니다.

| 국제 무역 | 중소기업은 국제 무역에 크게 의존하고 있으며 정부 주도의 이니셔티브와 자유 무역 협정을 통해 글로벌 시장에 대한 접근이 용이해졌습니다. |

제공된 정보는 2021년 9월까지 사용 가능한 지식을 기반으로 하며, 이후 한국 중소기업의 현재 상황이 진화했을 수 있음을 유의하십시오. 가장 최신의 정확한 정보를 얻으려면 한국 중소기업의 현황에 초점을 맞춘 최근 보고서 및 출처를 참조하는 것이 좋습니다.

구글 바드에게 같은 질문을 해보았다.

바드 Q. 현재 한국 중소기업이 처해 있는 상황을 알려줘

바드 A. 중소기업은 한국 경제의 핵심 동력입니다. 2021년 기준으로 중소기업은 전체 기업의 99.9%, 고용의 80.8%, 매출액의 31.8%를 차지하고 있습니다. 그러나 중소기업은 대기업에 비해 여러 가지 어려움에 직면해 있습니다.

중소기업이 직면한 가장 큰 어려움 중 하나는 자금 조달입니다. 중소기업은 대기업에 비해 자금 조달 여건이 열악하여 성장에 필요한 자금을 확보하기 어렵습니다. 이는 중소기업의 경쟁력 저하로 이어지고 있습니다.

중소기업이 직면한 또 다른 어려움은 기술 경쟁력입니다. 중소기업은 대기업에 비해 기술 개발 여력이 부족하여 경쟁에서 뒤처지고 있습니다. 이는 중소기업의 수익성 악화로 이어지고 있습니다. 중소기업이 직면한 어려움은 이외에도 다양합니다. 여기에는 규제 부담, 인력난, 해외 시장 진출의 어려움 등이 있습니다.

이러한 어려움에도 불구하고 중소기업은 한국 경제의 핵심 동력으로서 여전히 중요한 역할을 하고 있습니다. 정부는 중소기업의 어려움을 해소하고 경쟁력을 강화하기 위해 다양한 정책을 추진하고 있습니다.

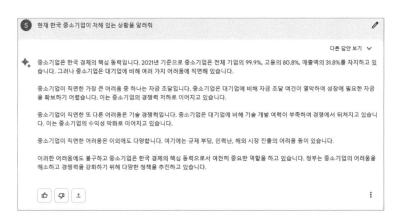

조금 더 구체적인 정보를 확인하기 위해 구글 바드에게 계속해라고 질문을 해보았다.

바드 Q. 계속해

바드 A. 정부는 중소기업의 어려움을 해소하고 경쟁력을 강화하기 위해 다양한 정책을 추진하고 있습니다. 그 중 대표적인 정책은 다음과 같습니다.

• 중소기업 정책자금 지원: 정부는 중소기업이 자금 조달에 어려움을

겨지 않도록 정책자금을 지원하고 있습니다.

- 기술개발 지원: 정부는 중소기업의 기술 개발을 지원하기 위해 R&D 자금, 인력, 시설 등을 지원하고 있습니다.
- 규제 완화: 정부는 중소기업의 규제 부담을 완화하기 위해 규제를 정비하고 있습니다.
- 해외 시장 진출 지원: 정부는 중소기업의 해외 시장 진출을 지원하기 위해 무역관, 무역금융, 해외 전시회 참가 지원 등을 제공하고 있습니다.

이러한 정책은 중소기업의 어려움을 해소하고 경쟁력을 강화하는 데 도움이 되고 있습니다. 그러나 중소기업이 직면한 어려움은 여전히 많기 때문에 정부는 지속적으로 정책을 개선하고 지원을 강화할 필요가 있습니다.

중소기업의 상황에 대한 추가적인 답변이 아닌 정부가 정책들을 설명하고 있어 다시 한번 계속해라고 질문을 했다.

바드 Q. 계속해

바드 A. 다음은 현재 한국의 중소기업이 직면한 몇 가지 과제와 도전입니다.

- 자금 조달: 중소기업은 대기업에 비해 자금 조달 여건이 열악하여 성장에 필요한 자금을 확보하기 어렵습니다. 이는 중소기업의 경쟁

력 저하로 이어지고 있습니다.

- 기술 경쟁력: 중소기업은 대기업에 비해 기술 개발 여력이 부족하여 경쟁에서 뒤쳐지고 있습니다. 이는 중소기업의 수익성 악화로 이어지고 있습니다.
- 인력난: 중소기업은 인력난으로 인해 생산성 향상과 경쟁력 강화에 어려움을 겪고 있습니다. 이는 중소기업의 성장을 저해하고 있습니다.
- 규제 부담: 중소기업은 규제 부담으로 인해 경영 효율성 제고와 비용 절감에 어려움을 겪고 있습니다. 이는 중소기업의 수익성 악화로 이어지고 있습니다.
- 해외 시장 진출의 어려움: 중소기업은 해외 시장 진출에 필요한 정보와 자금이 부족하여 해외 시장 진출에 어려움을 겪고 있습니다. 이는 중소기업의 성장을 저해하고 있습니다.

이러한 과제와 도전을 해결하기 위해서는 정부와 중소기업의 협력이 필요합니다. 정부는 중소기업에 대한 지원을 강화하고 제도 개선을 추진해야 합니다. 중소기업은 기술 개발과 해외 시장 진출에 적극적으로 나서야 합니다. 이러한 노력을 통해 한국의 중소기업이 글로벌 경쟁력을 갖춘 기업으로 성장할 수 있을 것입니다.

챗GPT와 유사하면서 조금 차이를 보이고 있다. 구글 바드의 답변은 최종 연설문작성에 참고하기로 하고 다시 챗GPT에 물었다. 대기업과의 상생과 관련해서 아무런 정보를 제공하지 않아 대기

업과의 협력방안을 질문했다.

Q. 중소기업이 발전하기 위해 대기업과의 상생이 필요하지 않나?

A. 네, 중소기업이 발전하고 번창하기 위해서는 대기업과의 상생협력이 필요한 경우가 많습니다. 그러한 협력이 유익한 몇 가지 이유는 다음과 같습니다.

1. 자원에 대한 접근성: 대기업은 일반적으로 금융 자본, 첨단 기술, 광범위한 네트워크 및 확립된 공급망을 포함하여 상당한 자원을 보유하고 있습니다. 중소기업은 내기업과 협력하여 이러한 리소스에 액세스할 수 있으며, 그렇지 않으면 독립적으로 획득하기 어려울 수 있습니다. 이 액세스는 중소기업이 생산 능력을 개선하고 효율성을 높이며 시장 범위를 확장하는 데 도움이 될 수 있습니다.

2. 시장 기회: 대기업과의 협력은 새로운 시장 기회의 문을 열 수 있습니다. 대기업은 종종 유통 채널, 광범위한 고객 기반 및 강력한 브랜드 인지도를 구축했습니다. 파트너십을 통해 SME는 이러한 네트워크를 활용하고 더 광범위한 고객 세그먼트에 노출되며 국내 및 국제적으로 새로운 시장에 접근할 수 있습니다.

3. 지식 교환 및 학습: 대기업은 종종 풍부한 산업 경험, 기술 전문 지식 및 확립된 모범 사례를 보유하고 있습니다. 이들과 협력하면 SME는 지식과 경험을 통해 학습할 수 있으므로 자체 운영을 개선하고 효율적인 프로세스를 채택하며 경쟁 우위를 높일 수 있습니

다. 지식 교환과 기술 이전을 촉진하여 중소기업의 혁신과 성장을 촉진합니다.

4. 위험 완화: 대기업과 협력하면 중소기업이 시장 변동성, 경제적 불확실성 및 변화하는 소비자 요구와 관련된 위험을 완화하는 데 도움이 될 수 있습니다. 협력을 통해 고객 기반과 공급망을 다양화함으로써 SME는 단일 시장이나 고객에 대한 의존도를 줄이고 탄력성과 지속 가능성을 강화할 수 있습니다.

5. 브랜딩 및 신뢰도: 평판이 좋고 확고한 대기업과의 제휴는 중소기업의 신뢰도와 브랜드 이미지를 향상시킬 수 있습니다. 고객, 공급업체 및 잠재적 파트너 사이에서 더 큰 가시성, 신뢰성 및 신뢰를 제공할 수 있습니다. 이 협회는 경쟁 우위를 제공하고 추가 비즈니스 기회의 문을 열 수 있습니다.

6. 혁신 및 연구 협업: 대기업과의 협업 파트너십은 공동 연구 개발(R&D) 노력을 촉진하여 혁신과 기술 발전을 촉진할 수 있습니다. 중소기업은 대기업의 자원과 전문 지식을 활용하여 신제품을 개발하고 기존 제품을 개선하며 업계 동향을 선도할 수 있습니다.

대기업과의 상생협력은 많은 장점이 있지만 중소기업 입장에서도 신중하게 접근하는 것이 중요합니다. 명확한 계약을 체결하고, 지적 재산을 보호하고, 공정한 조건을 유지하고, 상호 이익을 보장하는 것은 성공적이고 지속 가능한 협력을 위해 매우 중요합니다.

대기업과의 상생으로 중소기업에 유익한 6가지 효과를 제시하면
서 협력이 많은 장점이 있기는 하지만 중소기업의 입장에서 신중
하게 접근하는 것이 중요하다고 답변하고 있다. 연설문 작성에 필
요한 기본정보들이 어느 정도 수집된 것으로 판단되어 챗GPT에
게 연설문 작성을 요청했다.

**Q. 그럼 위에 답변한 내용들을 반영해서 한국중소기업이 나아갈 길에 대
해 연설문을 작성해 줘**

A. 신사 숙녀 여러분,

오늘 함께해 주셔서 감사합니다. 중견기업의 CEO로서 중소기업이
나아갈 길에 대한 제 생각을 말씀드리게 되어 영광입니다.

중소기업은 혁신을 주도하고 일자리를 창출하며 경제 성장을 촉진
하는 우리 경제의 중추입니다. 오늘 저는 중소기업 앞에 놓여 있는 흥
미진진한 기회에 대해 논의하고 그들의 미래에 대한 비전을 제시하고
자 합니다.

무엇보다도 협업과 파트너십이 핵심입니다. 점점 더 연결되고 경쟁
이 치열해지는 세상에서 중소기업이 대기업과의 상생 협력을 촉진하는
것은 매우 중요합니다. 힘을 합침으로써 우리는 그들의 자원, 시장 접
근, 전문성을 활용하는 동시에 우리의 민첩성, 창의성 및 기업가 정신
을 테이블에 가져올 수 있습니다. 우리는 함께 놀라운 결과를 달성하고
비즈니스를 발전시킬 수 있습니다.

또한 디지털 트랜스포메이션을 수용하는 것이 무엇보다 중요합니다. 기술은 산업을 빠르게 재편하고 있으며 중소기업은 관련성을 유지하기 위해 적응해야 합니다. 첨단 기술에 투자하고, 데이터 분석의 힘을 활용하고, 전자상거래와 디지털 마케팅을 수용하면 운영 효율성을 높이고 고객 경험을 개선하며 새로운 비즈니스 모델을 열 수 있습니다. 디지털 시대가 주는 기회를 포착하고 각자의 분야에서 선구자로 자리매김합시다.

또 다른 중요한 측면은 혁신 문화를 육성하는 것입니다. 중소기업은 민첩성과 시장 변화에 신속하게 대응하는 능력으로 유명합니다. 창의성을 장려하고 위험을 감수하며 지속적인 학습을 중시하는 문화를 계속 육성합시다. 직원에게 권한을 부여하고, 연구 개발에 투자하고, 연구 기관, 대학 및 동료 중소기업과의 협력을 구축함으로써 혁신을 주도하고 진화하는 고객 요구를 충족하는 최첨단 제품 및 서비스를 개발할 수 있습니다.

또한, 국제적 확장은 중소기업에게 큰 가능성을 안겨줍니다. 글로벌 시장은 성장과 다각화를 위한 미개척 기회를 제공합니다. 우리는 수출 진흥을 위한 정부 지원을 활용하고 무역 박람회에 참가하고 외국 기업과 파트너십을 구축하면서 국경을 넘어 대담하고 모험해야 합니다. 우리의 글로벌 입지를 확장함으로써 우리는 새로운 고객 세그먼트를 활용하고 시장 점유율을 높이며 국가의 경제적 번영에 기여할 수 있습니다.

성장을 추구함에 있어 지속가능성의 중요성을 잊지 말아야 합니다.

환경친화적 관행을 수용하고, 탄소 발자국을 줄이고, 사회적 책임을 증진하는 것은 윤리적 의무일 뿐만 아니라 전략적 이점이기도 합니다. 지속 가능성과 ESG 원칙을 운영에 통합함으로써 우리는 브랜드 명성을 높이고 의식 있는 소비자를 끌어들이며 우리 사회와 지구를 위한 더 나은 미래에 기여할 수 있습니다.

마지막으로 우리 네트워크의 강점을 인식합시다. 중소기업 간의 협력과 지원이 중요합니다. 지식 공유 및 리소스 풀링을 촉진하는 산업협회, 비즈니스 네트워크 및 플랫폼에 가입함으로써 우리는 공동으로 문제를 극복하고 모범 사례를 교환하며 시니지 효과를 빌 수 있습니다. 함께하면 우리는 더 강해지고 함께 중소기업의 미래를 만들어 갈 수 있습니다.

결론적으로 중소기업이 앞으로 나아갈 길은 희망으로 가득 차 있습니다. 협업, 디지털 혁신, 혁신, 국제화, 지속 가능성 및 강력한 네트워크를 수용함으로써 우리는 성공으로 가는 길을 계획할 수 있습니다. 비즈니스, 직원 및 지역 사회를 위해 더 밝은 미래를 만들기 위한 탄력성, 결단력 및 약속을 가지고 이 여정을 탐색합시다.

여러분의 관심에 감사드리며, 함께 성장과 번영의 여정을 시작하기를 기대합니다.

연설문에 기승전결이 없는 것 같아 현재상황을 제시하고 나아갈 방향을 설득력 있게 작성해 달라고 다시 요청했다.

Q. 위 답변에 중소기업이 처해 있는 현재 상황을 추가해서 연설문을 다시 작성해 줘

A. 오늘 함께해 주셔서 감사합니다. 중견 기업의 CEO로서 중소기업이 나아갈 길에 대한 제 생각을 공유하게 되어 영광입니다.

중소기업(SME)은 오늘날 비즈니스 환경에서 고유한 문제에 직면해 있습니다. 그러나 이러한 도전 속에는 성장과 성공을 위한 엄청난 기회가 있습니다. 소상공인이 처한 현 상황을 직시하고 그들의 미래에 대한 강력한 비전을 제시해 봅시다.

무엇보다도 협업과 파트너십이 필수적입니다. 점점 더 연결되고 경쟁이 치열해지는 세상에서 중소기업은 대기업과 상생 협력을 구축해야 합니다. 그들의 자원, 시장 접근성, 전문성을 활용하는 동시에 우리의 민첩성, 창의성, 기업가 정신을 테이블에 가져옴으로써 우리는 놀라운 결과를 달성하고 사업을 추진할 수 있습니다.

중소기업이 번창하려면 디지털 트랜스포메이션이 무엇보다 중요합니다. 기술은 빠른 속도로 산업을 재편하고 있으며 소기업은 관련성을 유지하기 위해 적응해야 합니다. 최첨단 기술에 투자하고, 데이터 분석의 힘을 활용하고, 전자 상거래 및 디지털 마케팅을 수용하면 운영 효율성을 높이고 고객 경험을 향상하며 새로운 비즈니스 모델을 열 수 있습니다. 디지털 시대의 기회를 포착하고 업계의 선구자로 자리매김하십시오.

혁신 문화를 조성하는 것은 또 다른 중요한 측면입니다. 중소기업은 민첩성과 시장 변화에 신속하게 대응하는 능력으로 유명합니다. 창의성을 장려하고 계산된 위험을 수용하며 지속적인 학습을 중시하는 문화를 조성합시다. 직원에게 권한을 부여하고, 연구 개발에 투자하고, 연구 기관, 대학 및 동료 중소기업과 파트너십을 형성함으로써 혁신을 주도하고 진화하는 고객 요구에 부응하는 최첨단 제품 및 서비스를 개발할 수 있습니다.

또한 해외 확장은 중소기업에 엄청난 가능성을 제공합니다. 글로벌 시장은 성장과 다각화를 위한 미개척 기회를 제공합니다. 정부 지원을 통한 수출 촉진, 무역 박람회 참가, 외국 기업과의 파트너십 구축을 통해 담대함과 국경을 초월한 모험을 합시다. 글로벌 입지를 확장함으로써 우리는 새로운 고객 세그먼트를 활용하고 시장 점유율을 높이며 국가 경제 번영에 기여할 수 있습니다.

성장을 추구하는 과정에서 지속가능성의 중요성을 간과하지 맙시다. 환경친화적 관행을 수용하고, 탄소 발자국을 줄이고, 사회적 책임을 우선시하는 것은 윤리적 의무일 뿐만 아니라 전략적 이점이기도 합니다. 지속 가능성과 ESG 원칙을 운영에 통합함으로써 우리는 브랜드 명성을 높이고 의식 있는 소비자를 참여시키며 우리 사회와 지구를 위한 더 나은 미래에 기여할 수 있습니다.

마지막으로 네트워크의 강점을 인식합시다. 중소기업 간 협력과 지원이 중요합니다. 지식 공유 및 리소스 풀링을 촉진하는 산업 협회, 비즈니스 네트워크 및 플랫폼에 가입함으로써 우리는 공동으로 문제를 극복하고 모범 사례를 교환하며 시너지 효과를 창출할 수 있습니다. 함께하면 우리는 더 강해지며 함께 소기업의 미래를 만들 수 있습니다.

결론적으로 소기업이 앞으로 나아갈 길은 희망으로 가득 차 있습니다. 협업, 디지털 혁신, 혁신, 국제화, 지속 가능성 및 강력한 네트워크를 수용함으로써 우리는 성공으로 가는 길을 계획할 수 있습니다. 비즈니스, 직원 및 지역 사회를 위해 더 밝은 미래를 만들기 위한 탄력성, 결단력 및 흔들리지 않는 약속을 가지고 이 여정을 탐색합시다.

여러분의 관심에 감사드리며, 함께 성장과 번영의 여정을 시작하기를 간절히 바랍니다.

감사합니다.

챗GPT가 없었다면 자료수집만으로도 하룻밤을 꼬박 새워야 했을 것이다. 챗GPT가 제공한 연설문을 바탕으로 평소 사장님이 강조한 내용들을 추가하고 또 일부 내용들을 수정해 연설문을 완성했다.

〈활용방안〉

챗GPT는 질문 몇 번에 정말 순식간에 요청하는 연설문을 작성해 제공한다. 연설문을 작성하는데 챗GPT를 활용한다면 훨씬 많은 시간을 절약할 수 있다. 그러나 챗GPT가 제공한 연설문을 그대로 사용해서는 안된다. 챗GPT는 2021년 9월 까지의 데이터

로만 학습되어 있기 때문이다. 챗GPT는 현재 정보를 제공하지 않으므로 현재 정보를 검색해 알려주는 구글 바드나 빙챗GPT를 함께 이용하는 것이 좋다. 전체적인 서술문으로 풀어 제공하는 기능은 챗GPT가 확실히 차별화되어 있는 것 같다. 챗GPT를 이용한 연설문 작성은 시간절약과 함께 업무의 효율성을 한층 높여 줄 것이다. 마지막으로 현재 시사성時事性이 있는 과제를 덧붙이는 것이 바람직하다.

6 ⑤ 자금관리

은행원 김 과장은 5살 아이를 양육하고 있는 30대 맞벌이 워킹맘이다. 집 장만도 해야 하는데 돈이 모이지 않는다. 틈틈이 가계부를 쓰고 있는데 관리가 제대로 되지도 않는다. 가계부 프로그램을 써봐도 별로 효과가 없고 번거롭기만 해 챗GPT에 물어보기로 했다.

Q. 돈을 잘 관리하는 방법을 알려줘

A. 돈을 효과적으로 관리하는 것은 재정적 안정을 달성하고 집을 사는 것과 같은 목표를 달성하는 데 매우 중요합니다. 다음은 자금 관리 기술을 향상시키는 데 도움이 되는 몇 가지 팁입니다.

1. 예산 만들기: 수입과 지출을 평가하는 것부터 시작하십시오. 모든

월 소득원 목록을 만들고 지출 패턴을 식별하기 위해 몇 달 동안 지출을 추적하십시오. 비용을 필수(예: 임대료, 공과금, 식료품) 및 비필수(예: 유흥비, 외식)로 분류하십시오. 소득에 따라 각 범주에 대한 현실적인 지출 한도를 설정하고 필수 지출의 우선순위를 정하십시오.

2. 비용 추적: 돈이 어디로 가는지 이해하기 위해 모든 비용을 기록하십시오. 간단한 노트북, 스프레드시트 또는 모바일 앱을 사용하여 지출을 추적할 수 있습니다. 지출을 정기적으로 검토하고 절감하거나 절약할 수 있는 영역을 찾으십시오.

3. 저축을 우선시하십시오: 돈을 저축하는 것은 재성적 안정을 구축하는 데 필수적입니다. 매달 소득의 일정 비율을 저축하는 것을 목표로 하십시오. 필요한 경우 적은 양으로 시작하여 점차 양을 늘립니다. 귀하의 당좌예금 계좌에서 별도의 저축 계좌로 자동 이체를 설정하여 저축을 자동화하는 것을 고려하십시오.

4. 불필요한 비용 줄이기: 줄이거나 아예 없앨 수 있는 비용을 파악합니다. 대량 식료품 쇼핑, 외식 대신 집에서 요리하기, 무료 또는 저렴한 엔터테인먼트 옵션 찾기 등 일상적인 비용을 절약할 수 있는 방법을 찾으십시오.

5. 재무 목표 설정: 단기 및 장기 재무 목표를 정의합니다. 예를 들어 집 계약금을 위한 저축은 장기 목표일 수 있고 신용 카드 빚을 갚는 것은 단기 목표일 수 있습니다. 목표를 관리 가능한 이정표로 나누고 진행 상황을 정기적으로 추적하세요.

6. 빚 청산: 신용 카드 빚이나 대출금과 같은 미결제 빚이 있으면 청산에 우선순위를 두십시오. 다른 사람에 대한 최소한의 지불을 하면서 고금리 부채를 먼저 갚는 것으로 시작하십시오. 부채 상환을 가속화하기 위해 부채 눈덩이 방식(작은 부채를 먼저 상환) 또는 부채 사태 방식(이자율이 높은 부채를 먼저 상환)과 같은 전략을 고려하십시오.

7. 전문가의 조언을 구하십시오: 재정을 관리하거나 정보에 입각한 재정 결정을 내리는 것이 어렵다면 재정 고문과 상담하십시오. 재정 상황에 따라 맞춤형 지침을 제공하고 돈을 효과적으로 관리하기 위한 견고한 계획을 세우도록 도와줄 수 있습니다.

효과적인 금전 관리에는 규율, 인내, 재정 상태에 대한 정기적인 평가가 필요하다는 점을 기억하십시오. 이러한 요령을 실행하고 좋은 재정 습관을 지속적으로 실천함으로써 집을 사고 재정적 안정을 달성하려는 목표를 달성할 수 있습니다.

대부분 알고 있는 내용들인데 알면서 전혀 이렇게 하지 않고 있다. 하루하루를 시간에 쫓겨 정신없이 살아가고 있는 나를 돌아본다. 챗GPT의 도움을 한번 받아 보기로 했다. 자금 관리방법을 일단 보기 좋게 요약해서 정리해 달라고 요청했다.

Q. 위 내용을 요약해 표로 만들어 보여줘

A. 다음은 간단한 설명과 함께 효과적인 자금 관리를 위한 팁의 확장

된 요약입니다.

효과적인 자금 관리를 위한 팁	설명
1. 예산 만들기	수입과 지출을 평가하고 분류하고 지출 한도를 설정하여 돈이 현명하게 할당되도록 합니다.
2. 비용 추적	모든 비용을 기록하여 돈이 어디로 가는지 이해하고 절감하거나 절약할 수 있는 영역을 식별하십시오.
3. 절약 우선순위	매월 소득의 일정 비율을 따로 떼어 두고 재정적 안정을 위해 저축을 자동화하여 저축을 우선순위로 삼으십시오.
4. 불필요한 비용 절감	대량 쇼핑, 집에서 요리하기, 무료 활동 찾기와 같은 비용 절감 조치를 통해 필수적이지 않은 비용을 파악하고 줄입니다.
5. 재무 목표 설정	단기 및 장기 재정 목표를 정의하고 이정표로 나누고 진행 상황을 추적하여 동기 부여와 집중을 유지하세요.
6. 빚 갚기	먼저 고금리 부채에 집중하고 부채 상환 전략을 사용하여 진행을 가속화하여 부채 상환의 우선 순위를 정하십시오.
7. 전문가의 조언을 구하십시오	재정 관리 및 정보에 입각한 결정을 내리는 데 대한 맞춤형 지침 및 전문가 조언을 위해 재정 고문과 상담하십시오.

이러한 팁은 돈을 효과적으로 관리하고, 지출을 통제하고, 미래를 위해 저축하고, 재정적 안정을 유지하면서 집을 구입하려는 목표를 향해 나아가는 데 도움이 될 것입니다.

깔끔하게 정리된 표를 다시 읽어보고 그럼 내가 제일 먼저 무엇을 해야 되는지 물었다.

Q. 그럼 제일 먼저 무엇을 해야 하는지 알려줘

A. 가장으로서 김대리가 효과적으로 재정을 관리하기 위해 가장 먼저

해야 할 일은 예산을 짜는 일이다. 예산 책정은 수입과 지출을 통제하는 중요한 단계입니다. 김대리가 할 수 있는 일은 다음과 같다.

1. 소득 평가: 급여, 상여금 및 기타 소득을 포함한 모든 소득원을 합산하여 총 월 소득을 결정합니다.

2. 지출 추적: 한두 달 동안 지출을 추적하여 지출 패턴을 분석합니다. 비용을 필수 범주(예: 주택, 공과금, 식료품) 및 임의 범주(예: 유흥, 외식)로 분류합니다.

3. 우선순위 확인: 재정 목표와 우선순위를 평가합니다. 비상 자금 마련과 같은 단기 목표와 집이나 은퇴를 위한 저축과 같은 장기 목표를 고려하십시오.

4. 현실적인 한도 설정: 수입과 지출을 기준으로 각 범주에 대한 현실적인 지출 한도를 설정합니다. 필수 비용이 먼저 충당되는지 확인하고 저축 및 부채 상환을 위해 자금을 할당하십시오.

5. 모니터링 및 조정: 예산 대비 지출을 정기적으로 모니터링합니다. 수입, 지출 또는 재정 목표의 변화를 수용하기 위해 필요에 따라 예산을 조정하십시오.

6. 저축 기회를 찾으십시오: 필수 요구 사항을 손상시키지 않으면서 비용을 절감할 수 있는 방법을 찾으십시오. 여기에는 할인 쇼핑, 비교 쇼핑, 식사 계획 또는 임의 지출 줄이기와 같은 전략이 포함될 수 있습니다.

7. 저축 및 투자: 소득의 일부를 저축 및 투자에 할당합니다. 일관된

저축을 보장하기 위해 저축 계좌 또는 투자 수단으로 자동 이체를 설정하십시오.

8. 미래를 위한 검토 및 계획: 정기적으로 예산을 검토하여 진행 상황을 추적하고 개선이 필요한 영역을 식별합니다. 공휴일, 휴가 또는 주요 구매와 같은 향후 비용 또는 이벤트를 계획합니다.

예산을 편성함으로써 김대리는 자신의 재정 상황을 명확하게 이해하고 비용의 우선순위를 정하며 재정 목표 달성을 위해 노력할 수 있습니다. 예산을 정기적으로 검토하고 조정하면 그들이 순조롭게 진행되고 정보에 입각한 재정 결정을 내리는 데 도움이 될 것입니다.

단계별로 해야 할 일들을 알려준다. 챗 GPT을 통해 좋은 결과를 얻을 수 있을 것 같다는 생각이 든다. 단계별 순서를 표로 정리하고 필요한 내용을 좀 더 구체적으로 질문하기로 했다.

Q. 위 내용을 요약해 표로 만들어 줘

A. 다음은 김대리가 가장으로서 가장 먼저 해야 할 일에 대한 답변을 참고할 표와 함께 요약한 것입니다.

단계	설명
1. 소득 평가	모든 소득원을 합산하여 총 월 소득을 결정합니다.
2. 비용 추적	비용을 필수 및 임의 범주로 분류하여 지출 패턴을 분석합니다.
3. 우선순위 파악	단기 및 장기 목표를 고려하여 재무 목표와 우선순위를 평가합니다.

실전 사례로 배우는 챗GPT 활용법

4. 현실적인 한계 설정	수입과 지출을 기준으로 각 범주에 대한 지출 한도를 설정합니다.
5. 모니터링 및 조정	예산을 정기적으로 검토하고 조정하여 변경 사항을 수용하고 계획대로 진행하세요.
6. 저축 기회 찾기	필수 요구 사항을 손상시키지 않으면서 비용을 절감할 수 있는 방법을 찾으십시오.
7. 저장 및 투자	소득의 일부를 저축과 투자에 할당하십시오.
8. 검토 및 향후 계획	정기적으로 예산을 검토하고 진행 상황을 추적하며 향후 비용을 계획하십시오.

이러한 단계를 따르고 표를 참조로 사용함으로써 김대리는 재정을 관리하고 재정 목표를 달성하기 위한 효과적인 예산을 만들고 유지할 수 있습니다.

1단계인 소득은 잘 알고 있다. 그래서 지금부터 2단계 지출패턴을 분석하기로 하고 세부항목들에 대해 질문해 보았다.

Q. 위 비용추적을 위해 관리해야 할 항목을 필수와 임의 범주로 구분해서 알려줘

A. 필수 및 선택 범주로 구분된 비용 추적을 위해 관리되는 항목은 다음과 같습니다.

필요경비:

1. 임대료/모기지 지불
2. 유틸리티(전기, 물, 가스)
3. 식료품/식품

4. 교통수단(연료, 대중교통)

5. 보험(건강, 자동차, 주택)

6. 대출 상환(모기지, 개인 대출)

7. 학자금 대출

8. 보육/보육비

9. 의료비(진료, 투약)

선택적 비용:

1. 엔터테인먼트(외식, 영화, 이벤트)

2. 의류/신발

3. 개인 관리(화장품, 이발)

4. 구독(스트리밍 서비스, 체육관 멤버십)

5. 주택 유지/수리

6. 자선/기부

필요한 비용은 기본적인 필요와 재정적 의무를 유지하는 데 필수적입니다. 여기에는 임대료 또는 모기지 지불금, 공과금, 식료품, 교통비, 보험, 대출 상환금, 교육비, 보육비, 의료비 등의 항목이 포함됩니다. 반면선택지출은 비필수적이며 개인의 우선순위와 재정상황에 따라 조정 또는 축소될 수 있습니다. 여기에는 엔터테인먼트, 의복, 개인 관리, 구독, 주택 관리 및 자선 기부와 같은 임의 항목이 포함됩니다. 비용을 필수와 선택으로 분류함으로써 김대리는 지출의 우선순위를 정하고 필수 비용을 충족하면서 임의 지출에 대해 정보에 입각한 결정을 내릴 수 있습니다. 이 접근 방식은 비용을 효과적으로 관리하고 추적하는 데 도움이 될 수 있습니다.

챗GPT는 비용을 필수와 임의로 분류함으로써 비용을 효과적으로 관리하는 데 도움이 될 것이라고 말하고 있다. 필수경비항목과 선택적 경비항목을 보기 좋게 정리하고 지출의 범주 설정에 대해 질문했다.

Q. 위 내용을 표로 만들어 줘

A. 다음은 비용을 필수 및 선택으로 분류한 표입니다.

필수 경비	선택 경비
임대료/모기지 지불	엔터테인먼트
유틸리티(전기, 수도, 가스)	의류/신발
식료품/식품	개인 관리
교통	구독
보험(건강, 자동차, 주택)	주택 유지/수리
대출 상환	자선/기부
교육/학자금 대출	
보육/보육비	
의료비	

이렇게 보니 어떤 비용들을 줄여야 하는지 구분이 된다. 우선순위에 대해 물었다.

Q. 우선순위를 어떤 기준으로 평가해야 하는지 알려줘

A. 재무 관리를 위해 언급된 단계 중 우선순위를 평가할 때 고려해야 할 몇 가지 기준이 있습니다. 평가해야 할 몇 가지 주요 요소는 다음과 같습니다.

1. 긴급성: 각 단계의 시간 민감도를 고려하십시오. 현재 재무 상황을 이해하기 위해 비용을 추적하거나 부채 상환 또는 긴급 자금 조성과 같은 우선순위가 높은 재정 목표를 처리하는 것과 같은 일부 작업에는 즉각적인 주의가 필요할 수 있습니다.

2. 영향: 전반적인 재정 상태에 대한 각 단계의 잠재적 영향을 평가합니다. 수입과 지출을 통제하기 위해 예산을 세우거나 불필요한 지출을 억제하기 위해 현실적인 한도를 설정하는 등 재정 상황을 크게 개선할 수 있는 조치의 우선순위를 정하십시오.

3. 재무 목표: 각 단계가 단기 및 장기 재무 목표와 어떻게 일치하는지 평가합니다. 집 계약금을 위한 저축, 은퇴 계획 또는 비상 자금 마련 등 목표 달성에 더 가까이 다가가는 행동에 집중하십시오.

4. 개인적인 상황: 부양가족 수, 현재 재정적 의무, 긴박한 재정 문제와 같은 고유한 상황을 고려하십시오. 재정 상황에서 특정 문제 또는 개선 영역을 해결하는 단계의 우선순위를 지정하십시오.

실전 사례로 배우는 챗GPT 활용법

5. 감정적 요인: 재정 관리와 관련된 감정적 또는 심리적 요인을 고려하십시오. 특정 작업이 스트레스나 불안감을 유발하는 경우 우선순위를 지정하여 이러한 우려를 완화하고 전반적인 마음의 평화를 개선하는 것이 좋습니다.

이러한 기준에 따라 우선순위를 평가하면 즉각적인 주의가 필요한 단계와 보다 점진적으로 처리할 수 있는 단계를 결정할 수 있습니다. 개인의 우선순위와 상황이 다를 수 있으므로 이러한 기준을 특정 필요와 목표에 맞게 조정하는 것이 중요합니다.

부채상환이나 긴급하게 사용해야 할 자금이 있을 경우 이를 우선순위로 고려한다. 그리고 우선순위를 평가하면 즉각적 주의가 필요한 단계와 점진적으로 처리할 수 있는 단계로 구분하여 결정할 수 있다고 챗GPT가 대답했다. 먼저 소득을 평가하고 필수 비용의 지출한도를 설정한 후 남은 돈으로 저축 및 부채상환을 위한 자금을 할당하라는 것이다. 그래서 저축기회를 찾는 방법을 물었다.

Q. 저축 기회를 어떻게 찾아야 하는지 알려줘

A. 저축 기회를 찾기 위해 고려할 수 있는 몇 가지 전략과 접근 방식은 다음과 같습니다.

1. 비용 검토 및 추적: 과거 비용을 검토하고 현재 비용을 추적하는 것

부터 시작하십시오. 이렇게 하면 과소비할 수 있는 영역이나 잠재적인 절감 효과를 찾을 수 있는 영역을 식별하는 데 도움이 됩니다. 비용 추적 앱 또는 스프레드시트와 같은 도구를 사용하여 지출 습관을 파악할 수 있습니다.

2. 비필수 비용 식별: 비용을 면밀히 살펴보고 비필수 항목이나 서비스를 식별하십시오. 여기에는 엔터테인먼트, 외식, 구독 또는 충동 구매에 대한 임의 지출이 포함될 수 있습니다. 저축을 위해 더 많은 돈을 확보하기 위해 이러한 비용을 줄이거나 없애는 것을 고려하십시오.

3. 비교 쇼핑: 구매할 때 다른 판매자 또는 공급자의 가격을 비교합니다. 할인, 판매 또는 프로모션 제안을 찾으십시오. 가격 비교 웹사이트나 앱을 사용하여 일상용품이나 대량 구매 시 최고의 거래를 찾아보세요. 정기적인 지출에서 적은 비율이라도 저축하면 시간이 지남에 따라 누적될 수 있습니다.

4. 청구서 및 서비스 제공자 협상: 인터넷, 케이블 또는 보험 회사와 같은 서비스 제공자에게 연락하고 사용 가능한 할인 또는 프로모션에 대해 문의하십시오. 경우에 따라 그들과 협상하거나 다른 공급자로 전환하면 비용을 절감할 수 있습니다.

5. 에너지 및 자원 효율성: LED 전구 사용, 온도 조절기 설정 조정, 물 소비 줄이기와 같은 가정에서 에너지 효율적인 관행을 채택하십시오. 이러한 작은 변화는 공과금을 낮추고 장기적인 절약에 기여할

수 있습니다.

6. 식사 계획 및 대량 구매: 미리 식사를 계획하고 이에 따라 쇼핑 목록을 작성하십시오. 이것은 불필요한 구매를 피하고 음식물 쓰레기를 줄이는 데 도움이 됩니다. 종종 더 비용 효율적일 수 있으므로 금전적으로 타당할 때 부패하지 않는 품목을 대량 구매하는 것을 고려하십시오.

7. 자동 저축: 당좌 계좌에서 전용 저축 계좌로 자동 이체를 설정하십시오. 이렇게 하면 의식적인 노력 없이도 수입의 일부가 지속적으로 저축됩니다. 저축을 지불해야 하는 월 청구서로 취급하십시오.

8. 부채 및 이자 지불 감소: 신용 카드 잔액이나 개인 대출과 같은 고금리 부채 상환을 우선적으로 처리합니다. 이자 지불을 줄임으로써 저축에 할당할 수 있는 더 많은 돈을 확보할 수 있습니다.

저축 기회를 찾으려면 신중한 분석, 규율 및 지출 습관에 대한 의식적인 선택이 필요합니다. 이러한 전략을 실행함으로써 비용을 절감할 수 있는 영역을 식별하고 시간이 지남에 따라 점차적으로 절감액을 늘릴 수 있습니다.

비용지출내역을 추적해 비필수 비용의 지출을 억재하고, 비교쇼핑을 하고, 미리 식사계획을 수립하여 대량구매를 하고 에너지 절감을 위해 LED전구 사용까지 제안하고 있다. 또 자동이체를 통해 수입의 일부가 자동으로 저축되게 하도록 답변하고 있다.

Q. 위 내용을 요약해 표로 보여줘

A. 다음은 절감 기회를 찾기 위한 전략과 접근 방식을 요약한 표입니다.

전략	설명
비용 검토 및 추적	과거를 검토하고 현재 비용을 추적하여 과다 지출 영역과 잠재적 절감액을 식별합니다.
비필수 비용 식별	엔터테인먼트, 외식, 구독 및 충동 구매와 같은 비필수 비용을 식별하고 줄이거나 없앱니다.
비교 쇼핑	다양한 판매자 또는 공급업체의 가격을 비교하여 최고의 거래를 찾고 일상용품이나 대량 구매 비용을 절약하세요.
청구서 및 서비스 제공자 협상	서비스 제공업체에 연락하여 할인이나 판촉에 대해 문의하거나 요금을 협상하거나 비용 절감을 위한 전환을 고려하십시오.
에너지 및 자원 효율성	집에서 LED 전구 사용, 온도 조절기 설정 조정, 물 소비량 줄이기와 같은 공과금을 낮추기 위해 에너지 효율적인 관행을 채택하십시오.
식사 계획 및 대량 구매	식사를 미리 계획하고 쇼핑 목록을 작성하고 부패하지 않는 품목을 대량 구매하여 불필요한 구매를 피하고 음식물 쓰레기를 줄이십시오.
자동저축	귀하의 당좌예금에서 전용 저축예금으로 자동 이체를 설정하여 노력 없이 소득의 일부를 저축하십시오.
부채 및 이자 지불 감소	이자 지불액을 줄임으로써 더 많은 돈을 절약할 수 있도록 고금리 부채 상환을 우선시하십시오.

이러한 전략을 실행하면 저축 기회를 효과적으로 식별하고 시간이 지남에 따라 점차 저축액을 늘릴 수 있습니다.

입출금 관리를 하고 소비내역을 추적해 비용을 줄이고 저축 기회를 늘려야 한다. 그러려면 가계부를 써야 할 것 같은데 챗GPT에 물었다.

Q. 수입과 비용을 잘 관리할 수 있는 프로그램이나 방법을 알려줘

A. 수입과 지출을 효과적으로 추적할 수 있는 다양한 도구가 있습니다. 인기 있는 옵션은 다음과 같습니다.

1. 스프레드시트 소프트웨어(예: Excel, Google Sheets): 스프레드시트 소프트웨어를 사용하면 맞춤형 비용 추적 템플릿을 만들 수 있습니다. 수입과 지출을 수동으로 입력하고 분류하고 계산을 수행하여 재무 상황을 분석할 수 있습니다.

2. 모바일 앱(예: Mint, PocketGuard): 모바일 앱은 편의성과 접근성을 제공합니다. 은행 계좌, 신용 카드 및 기타 금융 플랫폼에 연결하여 거래를 자동으로 가져오고 분류합니다. 그들은 종종 예산 책정 기능, 청구서 미리 알림 및 재무 통찰력을 제공합니다.

3. 온라인 개인 금융 플랫폼(예: Quicken, YNAB): 이러한 플랫폼은 포괄적인 재무 관리 솔루션을 제공합니다. 수입과 지출을 추적하고, 예산을 만들고, 재무 목표를 설정하고, 보고서를 생성할 수 있습니다. 또한 투자 추적 및 퇴직 계획 기능을 제공할 수도 있습니다.

4. 전용 비용 추적 앱(예: Expensify, Receipt Bank): 이러한 앱은 비용 추적을 위해 특별히 설계되었습니다. 그들은 영수증을 캡처하고 비용을 분류하고 비즈니스 또는 개인 용도로 비용 보고서를 생성하여 프로세스를 간소화합니다.

5. 온라인 뱅킹 도구: 많은 은행에서는 수입과 지출을 보고 추적할 수 있는 온라인 뱅킹 도구를 제공합니다. 이러한 도구는 종종 거래를

분류하고 지출 요약을 제공합니다.

귀하의 필요, 선호도 및 재정적 복잡성 수준에 맞는 도구를 선택하는 것이 중요합니다. 사용 용이성, 재무 계정과의 통합, 제공되는 기능 및 데이터 보안과 같은 요소를 고려하십시오. 수입과 지출을 효과적으로 추적하고 재무 목표를 지원하는 데 도움이 되는 도구를 찾기 위해 다양한 도구를 실험해 보세요.

스프레드시트부터 온라인 개인금융플랫폼 등 다양한 프로그램을 소개해 주었다. 그런데 외부시스템과 연계된 어플을 사용하면 나의 개인 정보가 모두 노출되지 않을까 하는 걱정이 되어 물었다.

Q. 외부 시스템을 사용하면 나의 정보가 모두 노출되지 않나?

A. 수입과 지출을 추적하기 위해 외부 소프트웨어를 사용하는 경우 소프트웨어 공급자가 구현한 보안 및 개인 정보 보호 조치를 고려해야 합니다. 평판이 좋은 금융 소프트웨어 및 앱은 일반적으로 사용자 데이터 보호를 우선시합니다.

외부 소프트웨어를 사용하기 전에 개인 정보 보호 정책 및 서비스 약관을 주의 깊게 검토하여 귀하의 정보가 어떻게 처리되는지 이해하십시오. 전송 및 저장 중에 데이터를 보호하기 위해 암호화를 사용하는 소프트웨어 공급자를 찾으십시오. 또한 사용자 리뷰와 평가를 고려하여 소프트웨어의 명성과 신뢰성을 측정하십시오.

정보를 추가로 보호하려면 강력하고 고유한 암호 사용, 가능한 경우 이중 인증 활성화, 최신 보안 패치로 장치와 소프트웨어를 최신 상태로 유지하는 것과 같은 모범 사례를 따르십시오.

어떤 시스템도 절대적인 보안을 제공할 수는 없지만 평판이 좋은 금융 소프트웨어 제공업체는 사용자 정보를 보호하기 위해 강력한 보안 조치를 구현하기 위해 노력합니다. 신뢰할 수 있는 소프트웨어 공급자를 선택하고 우수한 보안 관행을 따르면 정보 노출 위험을 최소화할 수 있습니다

엑셀을 이용해 직접 만들어 보기로 했다. 엑셀 수식과 매크로 기능을 완전히 알지는 못하지만 어느 정도는 알고 있다. 그래서 수입과 지출항목에 대해 물었다.

Q. 엑셀을 사용해 가계부를 정리하려고 해, 소득, 지출항목을 구체적으로 알려줘

A. Excel을 사용하여 가계부를 작성할 때 고려할 수 있는 일반적인 소득 및 지출 항목 몇 가지를 제시해 드리겠습니다.

소득 항목:

- 급여/임금
- 보너스/성과급
- 임대 수입

- 프리랜서/컨설팅 수입

- 투자 수입 (이자, 배당금)

- 부업 수입

- 선물/상속

- 지급 보상

- 양육비/이혼 수당

- 정부 혜택 (예: 사회보장, 실업 수당)

지출 항목:

- 임대료/모기지 상환

- 공과금 (전기, 수도, 가스)

- 식료품/음식

- 교통비 (연료, 대중교통)

- 보험 (건강, 자동차, 주택)

- 대출 상환 (모기지, 개인 대출)

- 교육/학자금 대출

- 엔터테인먼트 (외식, 영화, 이벤트)

- 의류/신발

- 의료비 (의사 진료, 약물)

- 어린이 돌봄/유아원 비용

- 개인 관리 (화장품, 미용실)

실전 사례로 배우는 챗GPT 활용법

- 구독 (스트리밍 서비스, 체육관 멤버십)

- 주택 유지/수리

- 자선/기부

이는 모든 항목을 나열한 것이 아니며, 소득원과 지출 범주에 따라 사용자 정의할 수 있습니다. 또한 거래 날짜, 결제 방법 및 관련 메모와 같은 추가 세부 정보를 포함하여 더 포괄적인 추적 및 분석을 제공할 수 있습니다.

소비 패턴을 정확하게 분류하여 지출 경향을 파악하고 조정할 수 있는 영역을 식별하는 데 유용합니다. Excel에서 소득 및 지출 항목을 정기적으로 업데이트하여 재무 거래의 정확한 기록을 유지하세요.

구체적으로 수입 지출항목을 보여 주고 있다. 내게 맞는 항목을 추가하고 또 필요 없는 항목을 제거하면 될 것 같다. 엑셀에 옮겨 사용할 수 있게 표로 만들어 달라고 요청했다.

Q. 위 내용을 표로 만들어 주세요.

A. Excel을 사용하여 가계부를 작성할 때 고려할 수 있는 일반적인 소득 및 지출 항목을 보여주는 표입니다.

소득 항목	지출 항목
급여/임금	임대료/모기지 상환
보너스/성과급	공과금 (전기, 수도, 가스)

임대 수입	식료품/음식
프리랜서/컨설팅 수입	교통비 (연료, 대중교통)
투자 수입 (이자, 배당금)	보험 (건강, 자동차, 주택)
부업 수입	대출 상환 (모기지, 개인 대출)
선물/상속	교육/학자금 대출
지급 보상	엔터테인먼트 (외식, 영화, 이벤트)
양육비/이혼 수당	의류/신발
정부 혜택	의료비 (의사 진료, 약물)
	어린이 돌봄/유아원 비용
	개인 관리 (화장품, 미용실)
	구독 (스트리밍 서비스, 체육관 멤버십)
	주택 유지/수리
	자선/기부

참고로, 이는 모든 항목을 나열한 것이 아니며, 소득원과 지출 범주에 따라 사용자 정의할 수 있습니다.

지금까지 자금관리를 하지 않은 게 아니고, 머릿속으로 대충 한 것이다. 그래서 챗 GPT에 물었다.

Q. 잊어버리지 않고 가계부를 쓰려면 어떻게 해야 하는지 알려줘

A. 매일 잊어버리지 않고 가계부를 쓰기 위한 요령은 다음과 같다.

1. 미리 알림 설정: 가계부를 업데이트할 특정 시간을 매일 또는 매주

설정합니다. 전화, 달력 또는 기타 도구에서 미리 알림을 사용하여 소득과 지출을 기록하라는 메시지를 표시하십시오.

2. 습관화: 가계부를 업데이트하는 것이 습관이 되는 루틴을 만드십시오. 잠자리에 들기 전이나 저녁 식사 후와 같이 자신에게 가장 적합한 시간을 선택하고 일관되게 유지하십시오.

3. 접근성 유지: 가계부가 쉽게 접근할 수 있도록 하십시오. 실제 노트북을 사용하든 디지털 도구를 사용하든 관계없이 쉽게 찾고 금융 거래를 기록할 수 있는 편리한 위치에 보관하십시오.

4. 영수증 캡처: 구매 및 비용에 대한 영수증을 추적합니다. 가계부를 갱신할 때 참고할 수 있도록 봉투나 디지털 폴더 등을 이용하여 정리하여 보관하십시오.

5. 모바일 앱 사용: 비용 추적을 위해 특별히 설계된 모바일 앱 사용을 고려하십시오. 이러한 앱에는 비용 분류, 영수증 스캔, 자동 데이터 입력과 같은 기능이 있어 이동 중에도 재무를 보다 쉽게 관리할 수 있습니다.

6. 프로세스 간소화: 가계부 업데이트 프로세스를 가능한 한 간단하고 간단하게 만드십시오. 명확한 범주와 레이블을 사용하고 너무 자세하거나 복잡하지 않도록 하십시오. 자신을 압도하지 않고 필수 정보를 캡처하는 데 집중하십시오.

7. 정기적으로 검토: 정기적으로 재무 기록을 검토할 시간을 따로 마련하십시오. 이렇게 하면 진행 상황을 추적하고 지출 패턴을 식별하

며 필요에 따라 조정하는 데 도움이 됩니다. 또한 가계부를 꾸준하게 관리하는 습관을 길러줍니다.

8. 의욕 유지: 재정을 더 잘 관리하고, 저축할 영역을 파악하고, 재정 목표를 달성하는 등 가계부를 유지함으로써 얻을 수 있는 이점을 상기하십시오. 재정 상태에 따라 목표 또는 보상을 설정하여 동기를 유지하세요.

이러한 전략을 실행하고 수입과 지출을 추적하는 과정을 일상의 일부로 만들면 가계부를 잊지 않고 효과적으로 관리할 수 있습니다.

8가지 방법을 제시하고 있는데 모바일을 이용하여 영수증을 관리하고 일주일에 한 번씩 정리를 하면 될 것 같다. 매월, 분기별로 항목 내역을 관리하면 저축과 투자의 기회가 더 생기지 않을까 기대해 본다. 수입과 비용, 필수지출항목과 선택항목, 우선순위 등을 구분하여 스프레드시트를 만들기로 했다.

〈활용방안〉

유튜브를 보면 자칭 전문가라고 하면서 재테크에 대한 만능 키트kit를 팔고 있다. 유망한 종목을 앞세우면서 투자를 권유하고 있고 MZ 세대들은 일확천금을 꿈꾸며 코인coin에 열광하고 있다. 정작 제일 중요한 재테크의 기본은 설명하지 않고 있다. 질문이 구체적이면 챗GPT의 대답도 구체적이다. 좋은 아이디어를 얻고 싶고, 좋은 생각을 훔치고 싶다면 챗GPT에게 구체적인 질문을 던져야 한다. 현재는 엑셀과 같은 스프레드시트와 보조 프로그램과 자동 연결이 안 되고 있지만 다음 버전에서는 자동 연결되는 기능이 추가되니까 더욱 더 편리한 자금관리를 할 수 있을 것이다.

7 ⑤ 프로그램 코딩

요즈음은 많은 프로그래머들이 재택근무를 한다. 코로나 이후 더 많이 늘었다. 원청 회사로부터 개발의뢰가 오면 프로그램을 코딩해서 보내준다. 한 대리는 자기가 코딩한 프로그램이 다른 사람들과 비교해 잘 짜인 것인지 궁금했다. 그래서 챗GPT에게 한번 물어보기로 했다.

Q. 윤년을 체크하는 로직^{logic}**을 Java로 짜 줘**

A. Java에서 연도가 윤년인지 확인하려면 다음 논리를 사용할 수 있습니다.

1. 윤년을 확인하는 방법을 정의하여 시작합니다. 이름을 isLeapYear
   ( )로 지정하겠습니다. 이 메서드는 연도를 매개 변수로 사용하고

윤년인지 여부를 나타내는 부울 값을 반환해야 합니다.

2. isLeapYear( ) 메서드 내에서 다음 논리를 사용할 수 있습니다.

   a. 연도가 4로 나누어 떨어지는지 확인합니다. 4로 나누어 떨어지지 않으면 윤년이 아닙니다. 이 경우 'false'를 반환합니다.

   b. 연도가 4로 나누어지면 100으로 나누어 떨어지는지 확인합니다. 그렇다면 여전히 윤년일 수 있지만 추가 확인을 수행해야 합니다.

   c. 연도가 100으로 나누어지는 경우 400으로도 나누어지는지 확인합니다. 그렇다면 윤년입니다. 이 경우 'true'를 반환합니다.

   d. 연도가 100으로 나누어 떨어지지만 400으로 나누어 떨어지지 않으면 윤년이 아닙니다. 이 경우 'false'를 반환합니다.

   e. 연도가 4로 나누어지고 100으로 나누어 떨어지지 않으면 윤년입니다. 이 경우 'true'를 반환합니다.

다음은 Java에서 논리를 구현한 예입니다.

```java
public class LeapYearChecker {
    public static boolean isLeapYear(int year) {
        if (year % 4 != 0) {
            return false;
        } else if (year % 100 == 0) {
            if (year % 400 == 0) {
                return true;
            } else {
                return false;
            }
        } else {
            return true;
        }
    }
}
```

```
        } else {
            return true;
        }
    }

    public static void main(String[] args) {
        int year = 2024;
        if (isLeapYear(year)) {
            System.out.println(year + " is a leap year.");
        } else {
            System.out.println(year + " is not a leap year.");
        }
    }
}
```

main( ) 메서드에서 원하는 언도를 인수로 하여 isLeapYear( ) 함수를 호출할 수 있습니다. 함수가 'true'를 반환하면 해당 연도가 윤년임을 인쇄할 수 있습니다. 그렇지 않으면 윤년이 아님을 인쇄할 수 있습니다. 위의 예에서는 2024년이 윤년인지 확인합니다.

순식간에 코딩을 해서 보여준다. 이번에는 C언어로 변경을 요청해 보았다.

Q. 이 코드를 C++로 바꿔줄 수 있어?

A. 물론입니다. 다음은 윤년 확인 논리를 C++로 번역한 것입니다.

```cpp
#include <iostream>

bool isLeapYear(int year) {
    if (year % 4 != 0) {
        return false;
    } else if (year % 100 == 0) {
        if (year % 400 == 0) {
            return true;
        } else {
            return false;
        }
    } else {
        return true;
    }
}

int main() {
    int year = 2024;
    if (isLeapYear(year)) {
        std::cout << year << " is a leap year." << std::endl;
    } else {
        std::cout << year << " is not a leap year." << std::endl;
    }

    return 0;
}
```

이 C++ 버전에서는 이전과 동일한 논리를 사용하여 주어진 연도가 윤년인지 확인하는 isLeapYear( ) 함수를 정의합니다. main( ) 함수는 원하는 연도로 isLeapYear( )를 호출하고 결과에 따라 적절한 메시지를 인쇄합니다.

C++에서는 입력 및 출력 작업을 위해 〈iostream〉 헤더를 포함해야하며 std:: 접두사는 cout 및 endl과 같은 표준 라이브러리 함수에 액세

스하는 데 사용됩니다.

이번에도 순식간이다. 파이썬으로 변경을 요청해 보았다.

Q. 이 코드를 파이썬으로 바꿔줄 수 있어?

A. 다음은 윤년 확인 논리를 Python으로 번역한 것입니다.

```python
def is_leap_year(year):
    if year % 4 != 0:
        return False
    elif year % 100 == 0:
        if year % 400 == 0:
            return True
        else:
            return False
    else:
        return True

year = 2024
if is_leap_year(year):
    print(year, "is a leap year.")
else:
    print(year, "is not a leap year.")
```

이 Python 버전에서는 이전과 동일한 논리를 사용하여 주어진 연도가 윤년인지 확인하는 is_leap_year( ) 함수를 정의합니다. 이 함수는 해당 연도가 윤년이면 'True'를 반환하고 그렇지 않으면 'False'를 반환합니다. 그런 다음 메인 코드 블록은 원하는 연도로 is_leap_year( )를 호출하고 결과에 따라 적절한 메시지를 인쇄합니다.

실전 사례로 배우는 챗GPT 활용법

Python은 동적으로 유형이 지정되는 언어이므로 데이터 유형을 명시적으로 선언할 필요가 없습니다. print( ) 함수는 결과를 콘솔에 출력하는 데 사용됩니다

순식간이다. 개발자가 직접 소스코드를 변경하려면 소스프로그래밍 언어와 변경 프로그래밍언어, 즉 Java언어와 C++언어 또는 파이썬 언어에 모두 익숙한 경우와 그렇지 않은 경우 큰 차이가 있다. 로직을 복사해 구글에서 제공하는 코랩에 붙여 넣고 실행을 했다.

```python
def is_leap_year(year):
    if year % 4 != 0:
        return False
    elif year % 100 == 0:
        if year % 400 == 0:
            return True
        else:
            return False
    else:
        return True

year = 2024
if is_leap_year(year):
    print(year, "is a leap year.")
else:
    print(year, "is not a leap year.")

2024 is a leap year.
```

2024년은 윤년이라고 하단에 출력 값을 보여주고 있다. 2023년을 넣고 한 번 더 테스트를 했다.

```
def is_leap_year(year):
    if year % 4 != 0:
        return False
    elif year % 100 == 0:
        if year % 400 == 0:
            return True
        else:
            return False
    else:
        return True

year = 2023
if is_leap_year(year):
    print(year, "is a leap year.")
else:
    print(year, "is not a leap year.")

2023 is not a leap year.
```

2023년은 윤년이 아니라고 보여주었다. 간단한 프로그램이지만 순식간에 3개의 언어로 코딩을 해주었다. 이번에는 QR코드를 만들어 보기로 했다. 챗GPT URL을 알려 주고 QR코드로 만들어 달라고 요청해 보았다.

Q. 다음 주소를 파이썬을 이용해 QR코드를 만드는 로직을 짜 줘
https://chat.openai.com

A. Python을 사용하여 제공된 주소 "https://chat.openai.com"에 대한 QR 코드를 생성하려면 다음 단계를 따르십시오.

1. 아직 설치하지 않았다면 qrcode 라이브러리를 설치하십시오. pip를

사용하여 설치할 수 있습니다.

```
pip install qrcode
```

2. 필요한 모듈을 가져옵니다.

```python
import qrcode
from PIL import Image
```

3. QR 코드에서 인코딩하려는 URL 주소를 정의합니다.

```python
address = "https://chat.openai.com"
```

4. QR 코드 인스턴스를 생성하고 주소를 인코딩합니다.

```python
qr = qrcode.QRCode(version=1, box_size=10, border=4)
qr.add_data(address)
qr.make(fit=True)
```

5. QR 코드 이미지 생성

```python
qr_image = qr.make_image(fill_color="black", back_color="white")
```

6. 이미지를 파일로 저장

```python
image_file = "qr_code.png"
qr_image.save(image_file)
```

이제 이 코드를 실행하면 Python 스크립트와 동일한 디렉터리에 "qr_code.png"라는 이름의 QR 코드 이미지 파일이 생성됩니다. QR 코드에는 제공된 주소 "https://chat.openai.com"가 포함됩니다.

이미지를 저장하는 데 필요하므로 PIL 라이브러리도 설치되어 있는 시 확인하십시오. pip를 사용하여 설치할 수 있습니다.

```
pip install pillow
```

코딩에 대한 기초지식이 없어도 간단한 로직은 누구나 만들 수 있을 것 같다. QR코드를 생성해 저장하도록 로직이 짜여 있어 로직을 한번에 보여주고 이미지로 보여 달라고 요청했다.

Q. 로직을 한 번에 보여주고 이미지로 만들어 보여줘

A. 네, 다음은 QR 코드를 생성하고 직접 표시하는 완전한 Python 논리 입니다.

```python
python                                          Copy code

import qrcode

# Address
address = "https://chat.openai.com"

# Create a QR code instance
qr = qrcode.QRCode(version=1, box_size=10, border=5)

# Add data to the QR code
qr.add_data(address)
qr.make(fit=True)

# Create an image from the QR code
qr_image = qr.make_image(fill="black", back_color="white")

# Save the image as a file
qr_image.save("qr_code.png")
```

이 코드에서는 끝에 qr_image.show( ) 줄을 추가하여 QR 코드 이미
지를 직접 표시합니다. QR 코드에는 제공된 주소 "https://chat.openai.
com"이 포함됩니다.

이 코드를 실행하려면 qrcode 및 PIL 라이브러리가 설치되어 있는
지 확인하세요. pip를 사용하여 설치할 수 있습니다.

검증을 위해 코드를 복사해 코랩에 붙여 넣고 실행을 했다. 실행
된 QR코드 이미지를 스마트폰에 읽혔더니 챗GPT URL로 연결
되었다.

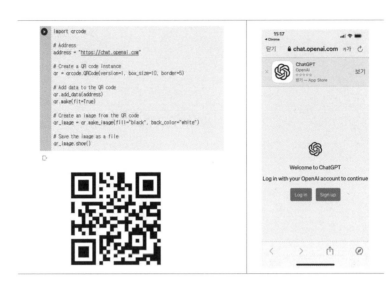

신영복의 단편 '감옥으로부터의 사색' 일부 내용을 텍스트로 넣어 다시 한번 테스트를 해보았다.

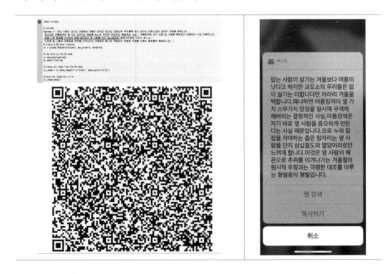

실전 사례로 배우는 챗GPT 활용법

간단하지만 쓸만한 QR코드가 만들어졌다. 챗GPT를 이용해 코팅을 하고 실행을 해보고 에러가 있는 부분만 수정을 한다면 지금보다 몇 배는 빨리 코딩을 마무리할 수 있을 것 같다. AI가 이런 속도로 발전한다면 내 직업도 멀지 않아 사라지지 않을까. 그래서 다시 챗GPT에게 물었다.

Q. 나는 프로그램 개발자인데 네가 이렇게 쉽게 로직을 짜 버리면 앞으로 나의 직업이 없어질 것 같은데 넌 어떻게 생각해?

A. AI 언어 모델로서 제 목적은 여러분과 같은 사용자를 지원하고 정보를 제공하는 것입니다. 코드 논리를 생성하고 제안을 제공할 수 있지만 프로그래밍은 문제 해결, 창의성 및 도메인 지식을 포함한 기술 조합이 필요한 복잡한 분야라는 점을 기억하는 것이 중요합니다.

AI는 특정 작업을 자동화하고 지원을 제공할 수 있지만 숙련된 프로그래머와 개발자의 필요성을 대체하지는 않습니다. 실제로 AI 기술은 종종 인간 개발자와 함께 작업하여 생산성을 높이고 더 어려운 문제를 해결하도록 돕습니다.

개발자로서 귀하의 가치는 코드 작성 능력 뿐만 아니라 비즈니스 요구 사항에 대한 이해, 강력한 솔루션 설계 능력, 커뮤니케이션 및 협업 기술, 다양한 프로그래밍 언어 및 프레임워크에 대한 전문 지식에도 있습니다. 이는 AI가 완전히 복제할 수 없는 측면입니다.

또한 프로그래밍은 빠르게 발전하는 분야이며 항상 새로운 도전과 기회가 나타날 것입니다. 지속적인 학습, 최신 기술에 대한 최신 정보 유지, 변화하는 추세에 적응하는 것은 취업 시장에서 경쟁력을 유지하는 데 중요한 요소입니다.

따라서 AI는 유용한 도구가 될 수 있지만 숙련된 프로그래머를 완전히 대체할 수는 없습니다. 기술 발전을 수용하고 기술을 계속 연마하며 고유한 인간 능력과 전문 지식이 가치를 더할 수 있는 영역에 집중하십시오.

챗GPT는 사용자를 지원하고 필요한 정보를 제공하며 코드 논리를 생성하고 제안을 할 수는 있지만 솔루션 설계능력, 커뮤니케이션 및 협업능력 등은 AI가 복제할 수 없으므로 고유한 인간 능력과 전문지식가치를 더 할 수 있는 영역에 집중하라고 대답했다. 그래서 AI가 복제할 수 없는 능력을 어떻게 개발해야 하는지를 물었다.

Q. 나는 네가 복제할 수 없는 측면의 능력을 개발하기 위해 무엇을 어떻게 해야 하는지 알려줘

A. 정말 잘 들었습니다! AI가 복제할 수 없는 능력을 개발하면 프로그래밍 분야에서 관련성과 가치를 유지하는 데 도움이 될 수 있습니다. 집중할 수 있는 몇 가지 측면은 다음과 같습니다.

1. 문제 해결 및 비판적 사고: 알고리즘 사고를 연습하고 코딩 과제를

해결하여 문제 해결 능력을 향상시킵니다. 복잡한 문제를 분석하고 효율적인 솔루션을 식별하며 잠재적인 문제를 예상하기 위해 비판적 사고에 참여하십시오.

2. 도메인 지식: 작업하는 특정 도메인 또는 산업에 대한 이해를 심화합니다. 해당 영역의 고유한 문제, 요구 사항 및 모범 사례에 대해 알아보십시오. 이 지식을 통해 맞춤형 솔루션을 설계하고 개발할 수 있습니다.

3. 디자인 및 아키텍처: 소프트웨어 디자인 및 아키텍처 기술 향상에 중점을 둡니다. 디자인 패턴, 시스템 확장성, 유지 관리성 및 코드 구성에 대해 알아봅니다. 이러한 기술을 개발하면 강력하고 확장 가능한 소프트웨어 솔루션을 만들 수 있습니다.

4. 협업 및 커뮤니케이션: 팀에서 효과적으로 작업하는 데 중요한 협업 및 커뮤니케이션 기술을 연마합니다. 명확하고 간결한 문서화, 아이디어의 효과적인 전달 및 적극적인 경청을 연습하십시오. 이러한 기술은 이해관계자와 협업하고, 그들의 요구 사항을 이해하고, 성공적인 프로젝트를 제공하기 위해 협력하는 데 도움이 됩니다.

5. 지속적인 학습 및 적응성: 지속적인 학습의 사고방식을 받아들입니다. 최신 프로그래밍 언어, 프레임워크 및 도구로 업데이트된 상태를 유지하십시오. 온라인 과정, 워크숍 및 회의에 참여하십시오. 적응력이 뛰어나고 새로운 기술을 배우는 데 열려 있으면 앞서 나갈 수 있습니다.

6. 소프트 스킬: 리더십, 팀워크, 시간 관리 및 문제 해결을 포함한 대인 관계 및 소프트 스킬을 향상시킵니다. 이러한 기술은 개발자로서의 전반적인 효율성에 기여하고 팀 역학에서 가치 있게 만듭니다. AI가 지원을 제공할 수 있지만 프로그래밍 분야에서 귀하를 귀중한 자산으로 만드는 것은 기술, 지식 및 인간적 관점의 고유한 조합입니다. 이러한 능력을 지속적으로 개발함으로써 숙련되고 인기 있는 개발자로 자리매김할 수 있습니다.

챗GPT가 다양한 방법을 세시해주고 있다. 특정 도매인 또는 산업전반에 지식을 심화하고, 문제해결능력을 향상시키고, 잠재적 문제를 예방하기 위한 비판적 지식 등을 키우라고 한다. 한 대리는 챗GPT를 이용하되 챗GPT가 할 수 없는 일에 집중하기로 했다.

〈활용방안〉

챗GPT가 단순한 코딩은 모두 대체할 수 있을 것 같다. 특히 다른 언어 간 로직 변경은 어떤 개발자보다도 빠르게 해낸다. 코딩을 모르는 누구나 조금만 공부하면 간단한 프로그램들을 만들 수 있다. 챗GPT는 개발자들의 환경뿐만 아니라 우리가 살아온 삶의 방식을 어쩌면 완전히 바꿔 놓을 지도 모른다. AI의 행동들은 인간의 명령에 의해서만 움직인다. 챗GPT를 두려운 눈으로 보지도 말고 멀리하지도 말자. 각자의 도우미로 곁에 두자. 하지만 반드시 실행 테스트를 통해 최종 점검하는 것이 필요하다.

8 ⊚ 과제 리포트

새내기 대학생 조이는 리포트 과제가 여간 부담스러운 것이 아니다. 어떻게 조사를 하고, 어떻게 쓰는지조차 잘 모른다. 챗GPT를 활용해 보기로 했다. 챗GPT를 이용해 리포트를 작성해 제출할 경우 학점을 주지 않겠다고 하지만 일단 챗GPT를 이용해 자료를 수집하기로 했다. 수집한 자료를 참고하여 반도체 산업에 대한 나의 생각을 추가하면 문제가 없을 것이라 생각하고 챗GPT에 질문을 했다.

〈리포트 과제 : 한국의 반도체 산업전망에 대해 논論하시오.〉
챗GPT는 한국 반도체산업에 대해 어떤 정보를 가지고 어떤 판단을 하는지 알고 싶어 먼저 반도체 산업 전망을 물어보았다.

Q. 한국의 반도체 산업 전망에 대해 알려주세요.

A. 한국 반도체 산업은 많은 유망한 전망을 갖고 빛나는 미래를 향해 나아가고 있습니다. 삼성전자와 SK하이닉스와 같은 기업들 덕분에 한국은 글로벌 반도체 시장에서 주요한 역할을 수행하는 것으로 알려져 있습니다. 다음은 한국 반도체 산업의 긍정적인 전망에 기여하는 주요 요인들입니다:

1. 발전: 한국 반도체 기업들은 연구 개발에 강력한 초점을 두고 있으며 기술의 한계를 끊임없이 넓혀가고 있습니다. 그들은 혁신에 큰 투자를 하여 최첨단 반도체 제품을 개발하고 있습니다. 이러한 기술적 발전에 대한 강조로 인해 한국은 산업의 선두에 머무르고 있습니다.

2. 메모리 시장 우위: 특히 삼성과 SK하이닉스와 같은 한국 기업들은 메모리 시장에서 주요한 입지를 차지하고 있습니다. 그들은 DRAM(Dynamic Random Access Memory) 및 NAND 플래시 메모리의 생산에서 선두에 있으며, 이는 스마트폰, 컴퓨터, 서버 등 다양한 전자기기에서 중요한 구성품입니다. 메모리 집약적인 응용프로그램과 데이터 저장의 증가로 인해 메모리 시장이 성장하면서 한국 기업들은 혜택을 받고 있습니다.

3. 5G와 IoT 시장 기회: 전 세계적으로 5G 네트워크의 확대와 사물인터넷IoT의 성장은 한국 반도체 산업에 상당한 기회를 제공합니다. 5G 기술은 기반밴드 프로세서와 RF(라디오 주파수) 칩과 같은 고급 반

도체 부품이 필요하며, 이는 고속 데이터 전송과 지연 시간이 적은 통신에 필수적입니다. 한국 기업들은 이러한 부품에 대한 수요 증가에 대응하기에 좋은 입지에 있습니다.

4. 인공지능AI과 자율주행 자동차: 인공지능은 급속하게 진화하며 다양한 산업에 깊은 영향을 미칠 것으로 기대됩니다. 기계 학습과 딥러닝과 같은 AI 응용은 강력한 프로세서와 메모리 솔루션에 의존합니다. 한국 반도체 기업들은 고급 AI 칩과 프로세서를 개발하는데 있어서 전문성을 가지고 있어 이 성장하는 시장에 진입할 수 있습니다. 게다가, 자율주행 자동차의 부상은 한국 기업들에게 센서, 연결성 및 기타 중요한 구성품을 위한 반도체 솔루션을 제공하는기회를 만들어냅니다.

5. 정부의 지원과 협력: 한국 정부는 반도체 산업의 전략적 중요성을 인식하고 성장을 적극적으로 지원하고 있습니다. 그들은 혁신과 투자를 장려하기 위해 재정적 인센티브, 세제 혜택 및 연구 지원금을제공합니다. 또한 산업, 학계 및 연구 기관 간의 협력은 지식 공유와기술적 발전을 촉진하는 유리한 환경을 조성합니다.

그러나, 반도체 산업은 매우 경쟁적이며 글로벌 시장 변동에 영향을 받습니다. 지정학적 긴장, 무역 정책 및 기술적 변화와 같은 요인들이 산업의 전망에 영향을 미칠 수 있습니다. 그럼에도 불구하고, 강한 기반, 기술적 전문성 및 메모리 제품의 시장 지배력을 바탕으로 한국 반도체 산업은 예측 가능한 미래에서도 번영할 수 있도록 잘 준비되어 있습니다.

한국 반도체 산업의 전망에 대해 긍정적 요인들만 보여 주었다. 일단 내용을 정리해 놓는 게 좋을 것 같아 요약해서 표로 만들어 달라고 요청하고 부정적 요인들에 대해 질문을 이어갔다.

Q. 위 내용을 요약해 표로 만들어 주세요.

A. 다음은 각 전망에 대한 간단한 설명이 포함된 업데이트된 표입니다.

한국 반도체 산업의 영향 요소	설명
기술적 발전	한국 기업들은 연구 개발에 집중하여 혁신을 이끌고 반도체 기술의 한계를 넓힙니다.
메모리 시장 지배력	삼성 및 SK하이닉스와 같은 한국 기업들이 DRAM 및 NAND 플래시 메모리와 같은 메모리 부품의 생산에서 주도적인 역할을 합니다.
5G와 IoT 기회	5G 네트워크의 확대와 IoT의 성장은 한국 기업들에게 고급 반도체 부품을 제공하는 기회를 제공합니다.
AI와 자율주행차	한국 기업들은 AI 응용프로그램에 대한 고급 칩을 개발하고 자율주행차에 대한 반도체 솔루션을 제공할 수 있는 전문성을 가지고 있습니다.
정부의 지원 및 협력	한국 정부는 성장을 위해 재정적 인센티브, 세제 혜택 및 협력 관계를 통해 반도체 산업을 지원합니다.

긍정적 요인들을 표로 간략하게 정리해 보여주었다. 부정적 요인들에 대해 물어보았다.

Q. 위의 대답을 보면 긍정적 요인들만 대답하고 있는데 부정적 요인들도 알려주세요.

A. 한국 반도체 산업의 전망은 긍정적인 요소들이 있으나, 부정적인 요소들도 고려해야 합니다. 아래는 가능한 부정적인 전망에 대한 설명입니다:

1. 세계 경제 상황: 반도체 산업은 세계 경제 상황에 민감합니다. 경기 하강, 무역 분쟁, 전염병 등은 반도체 제품의 수요와 판매에 영향을 미칠 수 있습니다.

2. 기술적 파괴: 신속한 기술 발전과 파괴적인 혁신은 산업에 도전을 줄 수 있습니다. 새로운 기술이나 대체 솔루션은 전통적인 반도체 부품에 대한 수요와 시상 구조에 영향을 줄 수 있습니다.

3. 강한 경쟁: 반도체 산업은 세계적인 경쟁이 치열합니다. 대만, 중국, 미국 등 다른 국가의 경쟁 업체들이 한국 기업에게 상당한 경쟁을 제공합니다.

4. 지정학적 요소: 지정학적인 긴장, 무역 정책, 수출 제한 등은 반도체 산업에 영향을 미칠 수 있습니다. 국가 간의 무역 분쟁이나 정치적 갈등은 공급망을 방해하고 반도체 제품의 수출/수입에 영향을 줄 수 있습니다.

5. 비용과 투자: 반도체 산업은 연구 개발, 제조 시설, 장비에 상당한 투자가 필요합니다. 증가하는 비용이나 새로운 기술과 생산 능력에 대한 충분한 투자 부족은 산업의 성장과 경쟁력에 영향을 줄 수 있습니다.

이러한 잠재적 도전 요소들을 인식하고 한국 반도체 산업이 적응하고 혁신하여 경쟁력을 유지하고 이러한 어려움을 극복할 수 있도록 하는 것이 중요합니다. 부정적인 전망 요소들은 전반적인 산업 전망을 평가할 때 긍정적인 측면과 함께 고려되어야 합니다.

고려해야 할 5가지의 부정적 전망에 대해 대답해 주었다. 리포트 작성에 일단 많은 참고가 될 것 같다는 생각이 들어 조금은 안심이 되었다. 먼저 표로 정리해 두기로 하고 요약해서 보여줄 것을 요청했다.

Q. 위 내용을 요약해 표로 만들어 주세요.

A. 다음은 반도체 산업에 영향을 미치는 요인에 대한 요약표입니다.

요인	설명
글로벌 경제 상황	글로벌 경제 상황은 반도체 제품에 대한 수요에 영향을 미칩니다. 경제 침체, 무역 분쟁 및 전염병은 판매에 영향을 미칠 수 있습니다.
기술적 혼란	급속한 기술 발전과 파괴적인 혁신은 업계에 도전이 될 수 있습니다. 새로운 기술이나 대체 솔루션은 수요와 시장 구조에 영향을 미칠 수 있습니다.
강력한 경쟁	반도체 산업은 전 세계적으로 치열한 경쟁에 직면해 있습니다. 대만, 중국, 미국과 같은 국가의 경쟁업체는 한국 기업에 중대한 도전을 제기합니다.
지정학적 요인	지정학적 긴장, 무역 정책 및 수출 제한은 반도체 산업에 영향을 미칠 수 있습니다. 무역 분쟁이나 정치적 갈등은 공급망을 방해하고 수입/수출에 영향을 미칠 수 있습니다.
비용 및 투자	이 산업은 R&D, 제조 시설 및 장비에 상당한 투자가 필요합니다. 비용 상승이나 신기술에 대한 부적절한 투자는 성장과 경쟁력에 영향을 미칠 수 있습니다

이 표는 반도체 산업에 영향을 미칠 수 있는 다양한 요인을 요약한 것입니다. 이는 세계 경제 상황, 기술 혼란, 경쟁, 지정학적 요인, 비용 및 투자의 중요성의 영향을 강조합니다. 업계의 전반적인 전망을 평가할 때 이러한 요소를 고려하는 것이 중요합니다.

부정적 요인을 표로 깔끔하게 정리해 보여주었다. 최근 미국에서 반도체 관련 법을 만들어 한국반도체 산업에 부정적 영향을 미칠 수도 있다는 뉴스를 본 적이 있다. 챗GPT에 다시 물어보기로 했다.

Q. 최근 미국의 반도체법이 한국반도체산업에 미치는 영향에 대해 알려주세요.

A. 2021년 9월을 기준으로, 저는 특정한 최근 미국 반도체 법률에 대해 알지 못합니다. 그러나 반도체 산업은 한국 기업을 포함한 국제적인 참여자들에게 직접적이고 간접적인 영향을 미칠 수 있는 다양한 법률, 규제 및 무역 정책의 영향을 받습니다.

미국은 CHIPS for America 법안 및 제안된 Creating Helpful Incentives to Produce Semiconductors (CHIPS) for America 법안과 같은 이니셔티브를 통해 국내 반도체 산업을 지원하기 위한 조치를 취해왔습니다. 이러한 이니셔티브는 국내 반도체 제조업 강화 및 연구 개발을 촉진하기 위해 만들어진 것입니다. 이러한 법률은 주로 미국 반도체 산업을 지원하기 위한 것이지만, 한국을 포함한 전 세계적인 반도체 시장에 간접적인 영향을 미칠 수 있습니다.

이러한 법률의 잠재적인 영향은 무역 협정, 공급망 구조 및 시장 조건과 같은 요인에 따라 다를 수 있습니다. 미국의 수출 통제, 관세 또는 시장 접근 정책의 변화는 반도체 부품과 기술의 흐름에 영향을 미치며, 한국 기업의 운영과 판매에 영향을 줄 수 있습니다.

한국 반도체 산업은 미국 반도체 법률 및 규제에 대한 발전을 주시하고 잠재적인 영향을 예의주시하는 것이 중요합니다. 이를 통해 한국 기업은 적극적으로 전략을 조정하고 협력을 강화하며 새로운 시장 기회를 탐색하여 부정적인 영향을 완화하고 잠재적인 혜택을 활용할 수 있습니다

챗GPT가 2021년 9월까지 정보만 가지고 있기 때문에 모른다는 답변을 했다. 그래서 구글 바드에게 질문해 보기로 했다.

바드 Q. 최근 미국의 반도체 법을 알려주세요.

바드 A. 미국의 반도체 법은 2022년 8월 9일 조 바이든 대통령이 서명한 '2022년 반도체 생산 촉진법(CHIPS Act of 2022)'입니다. 이 법은 핵심 및 신흥 기술에 대한 공공 및 민간 부문 투자를 촉진하기 위해 2,800억 달러(약 366조 원)를 투자하는 것을 내용으로 합니다.

CHIPS Act는 다음과 같은 내용을 포함합니다.

- 반도체 제조 시설 또는 장비의 건설, 현대화 또는 확장을 위한 인센티브 프로그램
- 고급 반도체에 대한 R&D 및 인력 활동을 추진하기 위한 상무부 주도의 프로그램
- 관련 공급망, 국가 안보 및 국제 협력 이니셔티브에 대한 보충적 프로그램

CHIPS Act는 미국 반도체 산업의 경쟁력 강화와 중국 의존도 완화를 위해 마련된 법안입니다. 이 법안이 시행되면 미국 내 반도체 제조 시설이 확충되고, 고급 반도체에 대한 연구개발이 활성화될 것으로 기대됩니다. 또한, 중국 의존도 완화에 도움이 되어 미국의 기술 안보를 강화하는 데에도 기여할 것으로 예상됩니다.

구글 바드는 챗GPT와 달리 미국이 최근 제정한 반도체법에 대해 비교적 상세히 대답해 주었다. 미국의 반도체법이 우리나라 반도체 산업에 미치는 영향을 물어보았다.

바드 Q. 미국의 반도체 법이 우리나라 반도체 산업에 미치는 영향에 대해 알려주세요.

바드 A. 미국의 반도체 법이 대한민국 반도체 산업에 미치는 영향은 양면적입니다.

　긍정적인 측면으로는, 미국 내 반도체 제조 시설이 확충되면서 반도

체 수요가 증가할 것으로 예상됩니다. 이는 대한민국 반도체 기업들이 반도체 수출을 늘릴 수 있는 기회가 될 것으로 기대됩니다. 또한, 미국 정부의 반도체 연구개발 투자 확대는 대한민국 반도체 기업들이 고급 반도체 기술을 확보하는 데 도움이 될 것으로 기대됩니다.

그러나 미국의 반도체 법은 대한민국 반도체 기업의 경쟁에도 영향을 미칠 것으로 예상됩니다. 미국 정부의 보조금 지원으로 미국 내 반도체 기업들이 경쟁력을 강화할 수 있기 때문입니다. 또한, 미국 정부의 수출 통제 강화로 대한민국 반도체 기업들이 미국에 반도체를 수출하는 데 어려움을 겪을 수도 있습니다.

전반적으로 미국의 반도체 법은 대한민국 반도체 산업에 긍정적인 영향과 부정적인 영향을 모두 미칠 것으로 예상됩니다. 대한민국 반도체 기업들은 미국의 반도체 법을 면밀히 모니터링하고, 이에 대응하는 전략을 마련할 필요가 있습니다.

우리나라 반도체 산업에 미치는 영향은 양면적이라고 하면서 긍정적 측면과 부정적 측면으로 구분해 대답했다. 그러면서 미국의 반도체 법을 면밀히 모니터링해서 이에 대한 전략을 마련할 필요가 있다고 대답했다. 그래서 구체적 답변을 요청하는 질문을 다시 했다.

바드 Q. 미국의 반도체 법에 대한 대응전략을 구체적으로 알려주세요.

바드 A. 미국의 반도체 법에 대응하는 대한민국 반도체 기업의 대응 전략은 다음과 같습니다.

1. 미국 내 반도체 제조 시설 투자 확대: 대한민국 반도체 기업들은 미국 내 반도체 제조 시설 투자를 확대하여 미국 내 반도체 수요를 선점할 필요가 있습니다. 이를 통해 대한민국 반도체 기업들은 미국 내 시장 점유율을 확대하고, 미국 정부의 보조금 지원을 받을 수 있습니다.

2. 고급 반도체 기술 개발: 대한민국 반도체 기업들은 고급 반도체 기술 개발에 투사하여 기술 경생력을 강화할 필요가 있습니다. 이를 통해 대한민국 반도체 기업들은 미국 내 반도체 기업과의 경쟁에서 우위를 점할 수 있습니다.

3. 미국 정부와의 협력 강화: 대한민국 반도체 기업들은 미국 정부와의 협력을 강화하여 미국 정부의 정책 지원을 받을 수 있습니다. 이를 통해 대한민국 반도체 기업들은 미국 내 시장 진출을 확대하고, 미국 정부의 수출 통제를 완화할 수 있습니다.

이러한 대응 전략을 통해 대한민국 반도체 기업들은 미국의 반도체 법에 대응하고, 글로벌 반도체 시장에서 경쟁력을 강화할 수 있을 것으로 기대됩니다.

구체적 대응전략을 3가지로 요약해 대답해 주었다. 그런데 우리나라 삼성전자와 하이닉스가 중국에 설립한 반도체 공장에 영향이 있을 것이란 얘기를 많이 들었는데 중국 시장 이야기를 전혀 하지 않아 다시 다음과 같이 질문해 보았다.

바드 Q. 미국의 반도체법이 우리나라가 중국에 설립한 반도체 공장에 영향을 미치지 않을까요?

바드 A. 미국의 반도체법은 미국의 기술 안보를 보호하기 위해 마련된 법안입니다. 이 법안은 미국의 반도체 산업에 보조금을 지원하고, 중국의 반도체 산업에 대한 수출 통제를 강화하는 것을 내용으로 합니다.

미국의 반도체법은 대한민국이 중국에 설립한 반도체 공장에 영향을 미칠 것으로 예상됩니다. 미국 정부는 미국의 보조금을 받은 기업이 중국 내 첨단 반도체 생산 능력을 5% 이상 증설하거나 10만 달러(약 1억 3,000만 원) 이상 거래하는 것을 금지하고 있습니다. 이는 대한민국 반도체 기업들이 중국 내 반도체 공장의 생산 능력을 확장하거나, 중국에 반도체를 수출하는 데 어려움을 겪을 수 있습니다.

또한, 미국 정부는 중국의 반도체 기업에 대한 수출 통제를 강화하고 있습니다. 이는 대한민국 반도체 기업들이 중국에 반도체를 수출하는 데 어려움을 겪을 수 있습니다.

전반적으로 미국의 반도체법은 대한민국이 중국에 설립한 반도체 공장에 부정적인 영향을 미칠 것으로 예상됩니다. 대한민국 반도체 기업들은 미국의 반도체법을 면밀히 모니터링하고, 이에 대응하는 전략을 마련할 필요가 있습니다.

우리나라의 반도체 기업이 미국에서 보조금을 지원받는 경우 중국공장에서 5% 이상 증설할 수도 없고 10만달러 이상 거래도 할 수 없다는 것이다. 그래서 어떤 대응전략을 수립해야 되는지 다시 구글 바드에게 물었다.

바드 Q. 그러면 한국은 미국의 반도체 법에 대응해 어떤 방안을 수립해야 하는지 알려주세요.

바드 A. 미국의 반도체법에 대응하기 위해 대한민국이 마련할 수 있는 대응방안은 다음과 같습니다.

1. 미국 정부와의 협력 강화: 대한민국은 미국 정부와의 협력을 강화하여 미국 정부의 정책 지원을 받을 수 있습니다. 이를 통해 대한민국 반도체 기업들은 미국 내 시장 진출을 확대하고, 미국 정부의 수출 통제를 완화할 수 있습니다.

2. 중국 내 반도체 공장의 생산 능력 확대: 대한민국은 중국 내 반도체 공장의 생산 능력을 확대하여 중국 내 시장 점유율을 확대할 수 있습니다. 이를 통해 대한민국 반도체 기업들은 미국 내 반도체 기업과의 경쟁에서 우위를 점할 수 있습니다.

3. 고급 반도체 기술 개발: 대한민국은 고급 반도체 기술 개발에 투자하여 기술 경쟁력을 강화할 수 있습니다. 이를 통해 대한민국 반도체 기업들은 미국 내 반도체 기업과의 경쟁에서 우위를 점할 수 있습니다.

4. 글로벌 반도체 기업과의 협력 강화: 대한민국은 글로벌 반도체 기업과의 협력을 강화하여 글로벌 반도체 시장에서 경쟁력을 강화할 수 있습니다. 이를 통해 대한민국 반도체 기업들은 글로벌 반도체 시장에서 시장 점유율을 확대하고, 수익성을 개선할 수 있습니다.

이러한 대응 전략을 통해 대한민국은 미국의 반도체법에 대응하고, 글로벌 반도체 시장에서 경쟁력을 강화할 수 있을 것으로 기대됩니다.

4가지 대응방안을 알려주었다. 그런데 중국 내 반도체공장의 생산능력을 확대하라고 한다. 미국의 반도체법으로 실현할 수 없는 전략을 제시하고 있는 것으로 생각되어 반도체 산업전망으로 질문 내용을 바꾸어 다시 물었다.

바드 Q. 위의 여러가지 상황을 고려해 한국의 반도체 산업을 전망해 주세요.
바드 A. 위의 여러 가지 상황을 고려해 볼 때, 대한민국의 반도체 산업은 장기적으로는 긍정적인 전망을 가지고 있습니다.

대한민국은 이미 세계 1위의 반도체 수출국으로, 삼성전자와 SK하이닉스를 비롯한 세계적인 반도체 기업들이 있습니다. 또한, 대한민국은 반도체 연구개발에 적극 투자하고 있으며, 기술 경쟁력도 세계 최고 수준입니다.

그러나, 미국의 반도체법과 같은 글로벌 반도체 산업의 경쟁 심화와 지정학적 리스크 등은 대한민국의 반도체 산업의 성장에 잠재적인 위협이 될 수 있습니다.

이에 따라, 대한민국은 반도체 산업의 경쟁력 강화와 수익성 개선을 위해 다음과 같은 노력이 필요합니다.

- 미국 정부와의 협력 강화: 대한민국은 미국 정부와의 협력을 강화하여 미국 정부의 정책 지원을 받을 수 있습니다. 이를 통해 대한민국 반도체 기업들은 미국 내 시장 진출을 확대하고, 미국 정부의 수출 통제를 완화할 수 있습니다.

- 중국 내 반도체 공장의 생산 능력 확대: 대한민국은 중국 내 반도체 공상의 생산 능력을 확대하여 중국 내 시장 점유율을 확대할 수 있습니다. 이를 통해 대한민국 반도체 기업들은 미국 내 반도체 기업과의 경쟁에서 우위를 점할 수 있습니다.

- 고급 반도체 기술 개발: 대한민국은 고급 반도체 기술 개발에 투자하여 기술 경쟁력을 강화할 수 있습니다. 이를 통해 대한민국 반도체 기업들은 미국 내 반도체 기업과의 경쟁에서 우위를 점할 수 있습니다.

- 글로벌 반도체 기업과의 협력 강화: 대한민국은 글로벌 반도체 기업과의 협력을 강화하여 글로벌 반도체 시장에서 경쟁력을 강화할 수 있습니다. 이를 통해 대한민국 반도체 기업들은 글로벌 반도체 시장에서 시장 점유율을 확대하고, 수익성을 개선할 수 있습니다.

이러한 노력을 통해 대한민국의 반도체 산업은 장기적으로 글로벌 반도체 시장에서 경쟁력을 강화하고, 성장할 수 있을 것으로 기대됩니다.

리포트 작성이 필요한 기본 자료들은 어느 정도 수집이 되었다는 생각이 들어 리포트를 작성하려고 한다. 리포트를 어떻게 써야 할지 잘 몰라 다시 챗GPT에 물었다.

Q. 아래 제목으로 리포트를 작성해 주세요.

〈제목 : 한국의 반도체 산업 전망에 대해 논하시오.〉

A. 제목: 한국 반도체 산업의 전망

소개: 이 보고서의 목적은 한국 반도체 산업의 전망을 논의하는 것입니다. 반도체 산업은 전자, 통신, 자동차 등 다양한 분야에서 중요한 역할을 합니다. 한국은 삼성전자, SK하이닉스 등이 앞장서며 세계 반도체 시장의 강자로 자리매김했다. 이 보고서는 기술 발전, 메모리 시장 지배력, 5G 및 IoT의 기회, AI 및 자율 주행 차량, 정부 지원과 같은 요인을 고려하여 업계에 대한 긍정적인 전망을 조사합니다. 또한 보고서는 포괄적인 평가를 위해 고려해야 할 잠재적인 문제와 부정적인 전망 요인을 다룰 것입니다.

긍정적인 전망:

1. 기술 발전:
   - 한국 기업들은 연구 개발에 집중하여 혁신을 주도하고 반도체 기술의 한계를 뛰어 넘습니다.
   - R&D에 대한 지속적인 투자로 한국은 산업 기술 발전의 선두에 서

게 됩니다.

2. 메모리 시장 지배력:

- 한국 기업, 특히 삼성과 SK 하이닉스는 DRAM 및 NAND 플래시 메모리와 같은 메모리 부품 생산을 지배합니다.
- 메모리 집약적 애플리케이션 및 데이터 스토리지에 대한 수요 증가는 한국 기업에 유리하고 시장 지위를 강화합니다.

3. 5G 및 IoT 기회:

- 5G 네트워크의 글로벌 출시와 IoT의 성장은 한국 기업이 첨단 반도체 부품을 제공할 수 있는 중요한 기회를 제공합니다.
- 한국 기업은 베이스밴드 프로세서, RF 칩 및 고속 데이터 전송 및 저지연 통신을 위한 기타 필수 구성 요소에 대한 수요 증가에 부응할 수 있는 좋은 위치에 있습니다.

4. AI와 자율주행차:

- 한국 기업은 AI 응용을 위한 첨단 칩 개발 및 자율주행차용 반도체 솔루션 제공에 대한 전문성을 보유하고 있습니다.
- 진화하는 AI 산업과 자율주행차의 부상은 국내 반도체 기업에 추가적인 성장 전망을 제공합니다.

5. 정부 지원 및 협력:

- 한국 정부는 반도체 산업의 전략적 중요성을 인식하고 이를 적극 지원
- 금전적 인센티브, 세금 혜택, 산업, 학계 및 연구 기관 간의 협력은

혁신과 투자에 도움이 되는 환경을 조성합니다.

부정적인 전망:

1. 글로벌 경제 상황:

- 반도체 산업은 수요와 판매에 영향을 미칠 수 있는 경기 침체, 무역 분쟁, 팬데믹 등 글로벌 경제 상황에 민감합니다.

2. 기술 혼란:

- 급속한 기술 발전과 파괴적인 혁신은 전통적인 반도체 구성 요소에 도전하여 시장 수요와 구조에 영향을 미칠 수 있습니다.

3. 강력한 경쟁:

- 반도체 산업은 전 세계적으로 치열한 경쟁에 직면해 있으며, 특히 대만, 중국, 미국과 같은 국가는 한국 기업에게 상당한 도전 과제입니다.

4. 지정학적 요인:

- 지정학적 긴장, 무역 정책 및 수출 제한은 반도체 산업에 영향을 미쳐 공급망을 방해하고 반도체 제품의 수출입에 영향을 미칠 수 있습니다.

5. 비용 및 투자:

- 산업은 R&D, 제조 시설 및 장비에 상당한 투자가 필요합니다.
- 비용 상승 또는 신기술 및 생산 능력에 대한 부적절한 투자는 성장과 경쟁력에 영향을 미칠 수 있습니다.

결론: 한국 반도체 산업은 강력한 기술 발전, 메모리 시장 지배력, 5G, IoT, AI 및 정부 지원의 기회로 긍정적인 전망을 보여줍니다. 그러나 글로벌 경제 상황, 기술 혼란, 치열한 경쟁, 지정학적 요인 및 비용 관련 문제와 같은 잠재적인 문제를 고려하는 것이 필수적입니다. 시장 역학에 적응하고, 혁신을 촉진하고, 이러한 과제를 해결함으로써 한국 반도체 산업은 글로벌 시장에서 지속적인 성장과 경쟁력을 확보할 수 있습니다.

챗GPT는 리포트를 서론, 본론, 결론으로 구분해서 작성해 보여주었다. 서론에서는 우리나라 반도체 산업이 처해있는 여러가지 어려운 상황을 정리하여 제시하고, 이러한 상황을 극복하고 경쟁력을 확보하여 성장을 계속하려면 어떠한 방향으로 나아가야 하는지를 제시하기로 했다. 그리고 결론에서는 우리나라 반도체 산업의 전망을 제시하기로 했다.

〈활용방안〉

챗GPT가 모든 것을 다 해주는 것처럼 알고 있고 학교에서도 과제를 챗GPT을 이용해 작성하면 앞으로 어떻게 하나 하는 걱정들이 많다. 충분한 정보를 얻기 위해서는 다른 인공지능과 함께 이용해야 한다. 챗GPT 이용을 막을 것이 아니라 어떻게 효율적으로 활용할 것인가를 고민해야 할 때이다. 인공지능을 학습도구로 어디까지 활용할 것을 허용할 것인지에 대한 적절한 가이드가 필요하다. 결정적인 것은 자신의 견해나 주장을 첨부해 마무리해야 하는 것이 바람직하다.

8 가지 사례를 통해 챗GPT의 사용법을 살펴보았다. 챗GPT는 다양한 분야에서 활용할 수 있다. 챗GPT와의 심층적인 질문을 통해 구체적이고 정확한 답변을 끌어낼 수 있다. 그리고 얻어진 결과를 검색 엔진을 통해 팩트 체크를 하고, 다른 인공지능의 결과와 상호 검증하여 좋은 점을 취사선택하면 훨씬 좋은 결과물을 얻을 수 있다. 그리고 각종 보조 프로그램을 함께 사용하면 업무 효율을 높일 수 있다. 하지만 무엇보다도 가장 중요한 것은 최종적인 사용자의 판단과 의견이다. 챗GPT를 어떻게 사용하느냐에 따라 우리의 생활이 훨씬 더 윤택해질 수 있다.

WHEN

향후 전망

1 ⊚ 이슈

2023년 5월, 사진 한 장에 전 세계가 발칵 뒤집어졌다. 세계인을 깜짝 놀라게 한 사진은 미국 국방부인 '펜타곤Pentagon'주변에 폭발물이 터진 모습인데, 이것은 인공지능을 이용해 만든 가짜 이미지였다. AI로 인한 가짜 이미지가 유통되는 문제는 이제부터 시작이라고 할 수 있다.

챗GPT는 사람과 비슷한 수준의 의사소통 능력을 구사하는 대화형 챗봇이다. 챗봇은 모방을 통해 학습하고, 변형과 융합을 통해 새로운 결과를 만들어 낸다. 인공지능이 우리 일상에 서서히 스며들면서 사회 전반에서 많은 문제점을 야기하고 있다. 챗GPT는 '양날의 검劍'과 같다.

산업군群의 고도화를 주도하는 생산성의 '기회'와 고용위기를 초래할 수 있다는 '우려'가 함께 공존하고 있기 때문이다. 기술 발전 속도와 사용자 규모에 비해 개인정보 유출, 부정확한 답변 등 부작용을 보완하는 장치는 부족해 우려를 낳고 있다. 챗봇은 거짓말도 곧잘 하기 때문에, 보안 문제뿐만 아니라 윤리적 문제, 편견, 프라이버시, 저작권, 환경문제 등 다양한 부문에서 문제점들이 나타나고 있다. 알트만은 "사람들이 정말 챗GPT를 즐기는 것 같다. 하지만 우리는 주의를 기울여야 하고, 사람들은 AI기술에 대해 약간은 무서워해야 한다."고 경고했다. 챗봇이 만든 가짜 이야기, 가짜 영상, 가짜 뉴스를 어떻게 제어하느냐가 새로운 문제로 대두되기 시작했다.

가. 기술적 오류

챗GPT의 초기 버전version에서 많은 기술적 결함과 오류가 많이 발생하여 신뢰도를 떨어뜨리고 있다. 가장 먼저 거론되는 오류는 잘못된 답변이다. 아직 제품이 초기 단계인 것을 감안하더라도 너무 잦은 그리고 어처구니없는 오류에 신뢰성을 떨어뜨리고 있다. 간단한 국내 사례로 윤석열 대통령에 대한 질문을 했다. 챗GPT의 초기 버전에서 윤석열 대통령이 과거 경기도지사직을 지냈다고 답변했다. 질문자가 '윤석열은 경기도지사직을 지내지 않은 것 같다'고 다시 물었더니, 챗GPT는 "당신이 맞습니다. 윤석열은 경기도지사직을 지내지 않았습니다"라고 부정확한 정보를 제공했던 점을 인정했다. 이처럼 초기 버전에서는 부족한 자료로 부정확한 답변을 했지만, 최근에 사전학습이 많이 되어서 '윤석열은 한국 대통령이다'라는 정확한 답변을 하고 있다.

이와 같은 기술적인 오류는 크게 두 가지로 인해 발생한다. 첫째는 데이터의 부족이다. 챗봇이 거대한 빅데이터를 사용하고 있지만 아직도 수집해야 할 자료들이 너무나도 방대하다. 그리고 실시간 자료의 업데이트가 늦기 때문에 잘못된 답변이 나올 수밖에 없다. 이런 문제는 시설 투자를 늘려 기억용량을 확대하고, 실시간 업데이트가 보다 빠르게 되면 대부분 해소될 전망이다. 머지않은 장래에 많은 것이 개선되어 신뢰도를 높일 수 있을 것이다.

두번째는 일명 버그bug라고 하는 언어 모델의 결함이다. 개발자들이 불철주야 자체적으로 결함을 수정 보완하는 일을 지속적으로 하고는 있지만, 소수의 개발자만으로는 역부족이기 때문에 공개적인 방법을 선택했다. 더 많은 오류를 조기에 발견해 빠르게 수정해 신뢰도를 높이기 위해 포상금 제도를 도입하기로 한 것이다. 오픈AI는 5월 11일, 공식 홈페이지에서 '버그 바운티Bug Bounty'를 시작한다고 밝혔다.

'버그 바운티'는 기업이 자사 시스템의 잠재적 보안 문제, 버그를 발견해 제보자에게 포상금을 지급하는 프로그램이다. 발견된 버그의 중요도에 따라 최소 200달러에서 최대 2만 달러를 받을 수 있다. 현금 보상을 받을 수 있는 버그에는 챗GPT의 결함과 로그인 오류, 데이터 노출, 시스템 중단 같은 문제가 포함된다. 다만 탈옥을 유도하거나 챗GPT가 악성코드를 작성하게 하는 질문과, AI가 사실적 근거가 부족함에도 사실인 것처럼 조작하는 할루시네이션Hallucination:환각은 버그로 인정되지 않는다.

또 다른 대안으로는 기술적 오류가 없는 새로운 차세대 챗봇을 개발하는 것이다. 일론 머스크 테슬라 최고경영자가 챗GPT의 대항마로 트루스truth GPT 개발을 선언했다. 그는 "진실만 추구하겠다. 나는 트루스GPT로 세상의 본질을 이해하려 노력하고, 최고의 진실을 추구하는 AI를 시작하겠다"고 말했다. 그는 좌파 성향의 전문가들이 챗GPT를 프로그래밍했으며 이에 따라 AI 챗봇이 거짓말을 하도록 훈련됐다고 주장했다. 일부 비판자들도 챗GPT가 정치적 편향성이 있다고 지적하고 있다.

나. 사회적 규제

"나의 최악의 두려움은 기술 산업인 우리가 세상에 심각한 피해를 주는 것이다. 이 기술이 잘못되면 큰 문제를 일으킬 수 있다." 오픈AI 최고경영자CEO 샘 알트먼이 미 상원 청문회에 증인으로 나와 AI 규제를 촉구했다. 그는 AI가 일자리를 파괴할 수 있고, 전쟁 도구로 악용될 수 있는 점 등 잠재적 폐해에 대한 불안감을 인정했다. 그러나 AI는 이점이 위험보다 훨씬 크다고 주장하며 규제를 통해 AI를 안전하게 사용할 수 있도록 해 달라고 요구했다. 대화형 챗봇이 만들어낸 거짓 정보나 조작된 이미지, 영상 등이 여론과 선거에 영향을 끼쳐 민주주의 기반 자체를 흔들 수 있다는 우려가 나오면서 전 세계적으로 이에 대응하는 움직임이 확산되고 있다. 인공지능의 부작용에 대한 우려가 커지는 가운데 미국 정부가 챗GPT와 같은 생성형 AI 관련 규제를 마련하기 위해 시동을 걸었다.

국가별 대응

미국이 인공지능의 규제에 대하여 가장 적극적인 관심을 보이고 있다. 미국 상무부 산하 국가통신정보청NTIA은 새로운 AI 모델이 출시되기 전 잠재적 위험성을 내포하고 있는지 확인하는 인증 절차를 포함한 일련의 책임 조치를 도입하는 것에 대해 향후 60일 동안 공개 의견 수렴 절차를 진행한다고 밝혔다. 미국 정부 차원에서 AI 규제를 검토하는 것은 이번이 처음이다.

2023년 5월 16일 미국 의회에서 상원 법제사법위원회 사생활·

기술·법 소위원회 청문회에서 알트먼은 "AI를 규제해야 한다."고 촉구했다. 그리고 "우리가 만든 도구(AI)로 얻을 수 있는 이익은 그 위험보다 훨씬 더 크다고 생각한다. 그렇지만 안전을 보장하는 것은 우리에게 매우 중요하다."고 말했다. 그는 국제원자력기구IAEA를 모델이 될 만한 국제 규제기구 사례로 언급하며 "미국이 다른 국가와 협력해 AI 국제 표준을 설정한다면 세계에 큰 도움이 될 것"이라고 강조했다.

2024년 미국 대선을 앞두고 미국 정치권은 물론 IT 업계 내부에서도 AI 기술 개발과 사용에 제동을 걸 필요가 있으며, 독립적인 전문가들로 이뤄진 별도 감시기구를 만들어야 한다는 주장도 나왔다. 그는 "미국 대선이 가까워지고 기술이 점차 발전하는 상황을 감안했을 때 이용자와 일대일로 상호 작용하는 AI 모델이 여론을 조작하거나 움직이고 거짓 정보를 제공할 수 있다는 점은 심각하게 우려되는 부분"이라고 말했다. 미 대선 유세 과정에서 상대 후보를 공격하기 위해 생성형 AI를 활용해 거짓 정보를 퍼뜨려 여론을 왜곡하는 경우가 발생할 것을 경고한 것이다. 또한 "우리가 개발한 기술이 권위주의 국가에서 사용하고, 개발하려는 것에 대해 전심으로 우려됩니다."라고 말하며, "러시아, 중국 정부가 정기적으로 접속해 오고 있습니까?"라는 질문에 "갈수록 더 잦아지고 있습니다."라고 답했다.

사회문제뿐만 아니라 정치적 악용까지도 우려하고 있다는 것이다. 바이든 미 대통령도 챗GPT를 직접 사용해 봤다며 인공지능의 거대한 잠재력을 활용하는 동시에 그만한 위험에도 대비해야 한다고 말했다. 경제 사회뿐만 아니라 국가안보 문제까지 거론하고 있는 것이다. 이는 인공지능 기술의 틀을 미국이 주도하면서 중국, 러시아에 악용되는 것은 막겠다는 것으로 풀이된다.

2023년 6월 AI의 책임을 부과하는 첫 법률안이 미국 의회에 제출되었다.

유럽연합EU 역시 규제에 대해 보다 적극적이다. EU 집행위는 AI 서비스가 주목받기 시작한 2년 전부터 AI를 규제하기 위한 법률 마련에 착수한 바 있는데, 2023년 6월 14일 유럽의회가 전 세계 최초로 인공지능 규제 법안을 가결되었다. 표결 결과는 찬성 499표 대 반대 28표로 압도적으로 통과되었다. 유럽연합이 이처럼 세계 첫 AI 규제안에 속도를 내는 이유는 생성형 AI 관련 제품과 서비스가 걷잡을 수 없이 빠른 속도로 발전하는 가운데 생성 AI의 역기능을 우려하는 목소리도 점차 커지고 있기 때문이다. 이 법안이 시행되면 생성형 AI로 제작된 콘텐츠의 출처를 명확히 표기하고, 해당 콘텐츠 제작 과정에 AI가 쓰였다는 사실을 명시해야 하고, AI 학습에 사용된 콘텐츠의 원저작자에게 일종의 저작권료도 지급해야 한다. AI 도구를 위험도에 따라 최소 minimal부터 제한limited, 높음high, 수용불가unacceptable 등의 등급으로 분류하도록 했다. 이러한 등급 분류에는 AI의 생체 감시, 잘못된 정보 유포, 차별적 언어 사용 등의 수준이 고려된다. 고위험 AI 도구 사용이 금지되지는 않겠지만, 이용 주체는 그와 관련한 정보를 투명하게 공개해야 한다.

　개별 국가별 대응에는 다소 차이가 있다. 이탈리아뿐 아니라 독일, 아일랜드, 스페인 등 국가도 챗GPT 규제 가능성을 배제하지 않는 것으로 전해졌다. 특히 이탈리아는 서방 국가 중 최초로 챗GPT 접속을 차단해서 국제적 시선을 끌었다. 챗GPT를 차단한 국가는 러시아, 중국, 북한, 쿠바, 이란, 시리아를 제외하면 서방 선진국으로는 이탈리아가 유일했었다. 이탈리아는 개인정보 보호를 이유로 자국 내 접속을 일시 차단했지만, 접속 차단 조치를 약 한 달 만에 해제했다. 2023년 5월 28일 오픈AI는 "이탈리아 사용자는 이제 챗GPT를 다시 사용할 수 있다. 앞으로도 우리는 개인 데이터 보호에 최선을 다할 것"이라고 밝혔다. 규제 당시 이탈리아 데이터 보호청은 오픈AI가 챗GPT 알고리즘 훈련을 위해 개인 데이터를 대량 수집하고 저장하는 것을 정당화할 법적 근거가 없다고 지적하고, 챗GPT의 데이터 처리 방법 등 정보를 자사 웹사이트에 게시하고, 챗GPT가 부정확하게 생성한 개인 정보를 수정·삭제할 수 있도록 하는 도구를 추가할 것을 오픈AI에 서비스 재개 조건으로 제시했다. 오픈AI는 이탈리아 당국의 이 같은 선행 조건을 반영한 뒤 이날 서비스를 재개할 수 있었다.

그 밖에 나라로 뉴질랜드도 고용노동부의 일부 업무에 인공지능 사용을 금지했다. 개인 정보 유출 위험 때문이라고 발표했다.

일본도 규제에 적극 동참하려고 한다. 기시다 일본 총리가 일본 히로시마에서 열리는 주요 7개국G7 정상회의에서 챗GPT 등 생성형 인공지능 활용의 길을 제시하겠다고 밝혔다. 그는 생성형 AI와 관련해 "G7으로서 책임 있는 형태로 활용 가능성 논의를 주도해 앞으로 가야 할 길과 이미지를 만들겠다. 일부 국가에서 금지해야 한다는 논의도 있지만 그 흐름을 막기는 매우 어렵다. 개인정보·저작권 침해, 가짜 정보 확산 등 생성형 AI의 폐해를 막기 위한 규칙을 마련하겠다."고 했다. 사전에 열렸던 G7 디지털·기술 각료 회의에서는 '인간 중심의 신뢰할 수 있는 AI'를 목표로 한다는 원칙에 각국이 합의한 바 있다. G7 디지털·기술 각료들은 지난 회의에서 AI에 관한 국제 기준을 마련하기로 뜻을 모았으나 규제를 강조하는 유럽과 활용에 무게를 둔 미국, 일본 등 국가별 의견 차를 드러내기도 했다. 일본 내각부가 챗GPT 확산에 대응해 관계 부처가 참여하는 'AI 전략 팀'을 설치할 것이며, 중앙정부에서 챗GPT 활용을 위한 움직임도 두드러지고 있다고 발표했다. 반면에 업무 효율화가 기대되지만, 대답 내용의 정확성과 기밀 정보 취급 등 과제도 지적되고 있다.

한국은 규제에 대해서는 별다른 대책을 내놓지 않고 있지만, 국제적 규제 움직임을 주시하고 있다. '선 허용, 후 규제'에 초점을 맞추고 있다. 정부 부처의 대응은 산발적이다. 교육부는 챗GPT와 같은 인공지능을 이용한 교육은 2025년부터 초·중·고교에 적용한다고 공표했다. 국가권익위원회는 '인공지능개발과 활용에 관한 인권 가이드라인'을 발표했고, 한국표준원에서는 인공지능의 윤리 점검 서식을 KS규범으로 제정했다. 국정원은 기밀 유출 등을 우려, 각 부처에 챗GPT 사용에 주의하라고 안내하기도 했다. 현재 국회에 발의된 인공지능 관련 법률안 13건 중 '인공지능 연구개발 및 산업진흥 윤리적 책임' 한 건만 규제 사항을 포함하고 있다.

기업들의 자구책

바이든Biden 대통령은 최근 AI 기술의 위험성을 언급하며 기업들에 제품 안전에 대한 책임을 강조한 바 있다. 그는 백악관에서 열린 과학기술자문위원회 회의에서 "AI는 질병과 기후변화와 같은 어려운 문제를 처리하는 데 도움을 줄 수 있지만 우리 사회의 경제, 국가 안보에 대한 잠재적 위험도 해소해야 한다. 기술 기업들은 대중에 공개하기 전에 자사 제품을 안전하게 만들 책임이 있다"고 말했다.

　기업 차원에서도 규제 움직임은 활발하다. 하지만 인공지능을 사용하는 기업과 개발 업체 간의 규제에 대한 입장에는 다소 차이가 있다. 사용자 기업에서는 사용 금지나 서비스 확대를 일부 제한으로 사내 기밀 유출 방지에 초점을 맞추고 있다.

삼성전자를 비롯해 SK하이닉스와 포스코, 쿠팡 등 여러 기업은 챗GPT를 사내에서 사용하지 못하도록 막고 있고, 삼성과 같은 일부 기업들은 직원들이 챗GPT를 사용하려 하면 정보가 유출될 수 있다는 경고문이 뜨도록 하고 있다. 2023년 초 삼성전자 반도체 부문 한 엔지니어가 프로그램 개발에 쓰는 소스코드를 챗GPT에 올려 중요 데이터가 밖으로 흘러간 일이 발생했다. 삼성전자는 직원들에게 챗GPT와 이를 탑재한 MS의 검색엔진 빙 Bing 등 생성형 AI 사용을 잠정 제한했다. 반도체를 담당하는 부서에서는 챗GPT에 질문할 때 글자 수가 일정량을 넘지 못하도록 조치했다. 외부에서도 AI를 사용하면서 회사나 개인정보는 입력하지 말라고 당부했다. 삼성전자의 이 같은 방침은 생성형·대화형 AI로 인한 기밀 유출 등을 우려한 탓이다.

SK하이닉스는 지난 2월부터 사내망에서 챗GPT를 쓰지 못하도록 접근을 막고 있다. 챗GPT 사용이 필요한 경우 보안성을 검토해 회사로부터 승인을 받아야 하는 일종의 허가제를 도입했다. 포스코는 내부 인트라넷에서만 챗GPT에 접속할 수 있도록 조치해 정보 유출 가능성을 사전에 방지하고 있다. LG전자는 아직 챗GPT 활용에 제한은 없지만, 추후 정보보호 등 교육을 진행해

임직원의 보안 인식을 높일 예정이라고 한다.

해외에서도 챗GPT 사용을 제한하는 기업이 적지 않다. 미국에서는 JP모건체이스, 뱅크오브아메리카, 씨티그룹 등 월가 금융사들과 통신사 버라이즌 등에 이어, 월마트도 3월 챗GPT 이용을 금지하는 내용의 공지를 내렸다. 세계 최대 전자상거래 업체인 아마존 역시 코딩에 챗GPT를 활용하려는 엔지니어들에게 자체 개발한 AI 도구를 이용하라고 권장한 것으로 알려진다. 가장 최근에 애플이 직원들에게 챗GPT를 포함한 생성 인공지능 활용을 금지한 것으로 확인됐다. 챗GPT를 쓰다 보면 본인도 모르게 회사 기밀을 유출할 수 있다는 우려 때문이다. 일본에서는 소프트뱅크, 파나소닉커넥트, 후지쓰 등이 AI에 회사 기밀을 입력하지 않도록 제한했다.

챗GPT 사용 여부를 두고 기업들의 고민이 깊어지고 있다. 업무 효율 측면에서 챗GPT의 수행 능력을 활용할 수 있다는 장점이 크지만, 기밀 유출 등 보안 문제가 있기 때문이다. AI 플랫폼에 전송된 데이터는 외부 서버에 저장되기 때문에 회수 및 삭제가 어려워 다른 사용자에게 공개될 위험이 높다. 챗GPT의 적극적인 이용보다 사용을 제한하는 기업들이 늘고 있는 이유다. 그렇다고 AI 사용을 언제까지 금지만 할 수 없다는 얘기도 나온다.

AI를 활용할 경우 업무 시간을 줄일 수 있고, 업무 효율도 높일 수 있기 때문이다.

챗GPT를 업무에 활용하면서 기업의 정보 유출을 막는 방법은 없을까?

삼성전자는 자체 AI 서비스를 만들어 직원들의 업무 향상을 돕겠다는 계획도 세웠다. 삼성의 새로운 정책은 회사 소유의 컴퓨터, 태블릿, 휴대폰, 사내 네트워크에서 AI 시스템 사용을 금지하는 것으로, 안드로이드 운영체제OS가 탑재된 스마트폰과 윈도우즈 노트북 등 소비자용으로 판매되는 디바이스는 대상에서 제외된다. 하지만 삼성 측은 개인 소유의 단말기로 챗GPT 등을 이용하는 경우라도 회사의 지식재산권으로 인식될 수 있는 회사 관련 정보나 개인 데이터를 입력하지 말 것을 직원에게 요구했다.

하지만 모든 기업이 이런 방안을 취할 수는 없다. 자체 AI 서비스 구축에 비용이 소요되고, 거대AI를 바탕으로 한 챗GPT와 같은 서비스 품질을 보장하기도 어려워서이다. 애플도 코딩 작업을 보조하는 AI 서비스인 마이크로소프트MS '코파일럿'의 이용도 금지했다. 애플의 챗GPT 금지령은 기밀 유출, 지적재산권 침해 등 가능성을 들어 사내 챗GPT 이용을 금하는 기업이 늘고 있는 가운데 나왔다. 직원들이 회사 일을 하는 데 챗GPT를 이용하면, 사내 비밀 정보가 챗GPT 개발사인 오픈AI 측으로 유출될 수 있다는 우려가 있기 때문이다.

이에 보안·솔루션 업계에서는 이 같은 기업들의 고민을 덜기 위한 새로운 솔루션과 서비스를 선보이거나 개발하며 새로운 시장 공략에도 나서고 있다. 기업 맞춤 보안 환경을 제공하는가 하면, 단어나 문장 등을 모니터링해 정보 유출을 막는 방법 등이 동원되고 있다. 챗GPT 개발 역시 기밀 유출에 대비해 보완책을 내놓기는 했지만, 기업들을 안심시키지는 못하고 있다.

다른 한편에서는 챗GPT 경계령이 자칫 시대에 동떨어진 조치가 될 수 있다는 지적을 하고 있다. 한 업계 관계자는 "생성형 AI의 발전 가능성과 활용도는 아직 맛보기에 불과하다. 앞으로의 가능성이 무궁무진한데 일부 부작용만 심각하게 받아들여 사용 자체를 제한하는 건 오히려 글로벌 경쟁에서 뒤처지는 결과를 낳을 수도 있다"고 우려했다. 챗GPT의 최대 투자사인 MS는 이 같은 기업들의 우려를 반영해 조만간 '프라이빗 챗GPT'라는 새로운 버전을 내놓겠다는 전략이다. 챗GPT에서의 대화 데이터를 기업 전용 클라우드라는 별도 공간에 보관해 외부 유출을 원천 차단한다는 게 서비스의 핵심이다.

오픈AI를 필두로 인공지능 개발업체들은 규제에 대한 입장에는 차이가 있다. 원칙적으로 규제에는 동의하지만 활용 사례의 규제를 권하고 있고, 기술 발전에 저해가 되는 무거운 규제는 원치 않는다는 점이다. 알트먼은 "단기적으로 초래될 위험에 대해

실전 사례로 배우는 챗GPT 활용법

시장과 범주마다 AI 시스템에 대한 규제가 필요하다"고 강조했다. 인공지능을 규제하는 국제기구가 필요하고, 국제기구는 최고의 계산 능력과 기술을 바탕으로 인공지능 면허 모델을 만들고, 안전성을 검증할 수 있어야 한다고 규제의 필요성을 강조했다. 그리고 그는 핵 문제를 감시하는 국제원자력기구IAEA처럼 인공지능 문제를 매우 심각한 위험으로 여기고 관리하는 한 방편이 될 것이라고 말했다. 그가 규제의 필요성을 외치는 것을 오픈AI가 후발주자를 견제하기 위해 규제를 내세우고 있다는 반론도 적지 않다. 최근에 그가 17개국을 순방한 이유가 단지 규제의 필요성만을 강조하기 위한 것만은 아니다. 기술 편익에 우선한 규제 확립을 강조했다. 그는 "저작권, 데이터 보호 등 AI의 확산으로 나타날 우려 때문에 기술 자체를 규제해선 안 된다. 기술보다는 활용사례에 규제 초점을 맞춰야 한다. 기술이 아니라 어떻게 활용하느냐가 사회에 영향을 미치기 때문이다. 혁신 기술을 작은 단위부터 실증하면서 발견되는 문제점부터 하나씩 사회적 합의를 이뤄야 한다. 인공지능 분야에 당장 무거운 규제를 하거나, 혁신을 늦추는 것은 실수라고 생각한다"고 말했다. 결론적으로 기술 혁신을 규제하기보다는 국제 협력에 초점이 맞추어져 있다. 그는 중국에서는 우수한 AI 인재와의 협력을, 한국에서는 칩 분야 스타트업과 AI를 활성화하기 위한 시스템 반도체 생산에 관심을 보였다.

이처럼 규제에 대해서는 정부나 기업 모두가 동의하지만, 정부는 사회규범 파괴와 정치 왜곡 측면에 중점을 두고 있으며, 사용자 기업에서는 사용 제한으로 기밀유출 방지에 초점을 맞추고 있다. 개발업체에서는 기술 규제보다는 활용 규제를 원하고 있다. 정부와 기업 간에 견해 차이가 존재하고 있는 것이다. 알파벳 최고경영자 순다르 피차이는 "우리 사회가 생성형 인공지능 등 AI 기술의 급속한 발전에 대비해야 한다. 그러나 기술 발전 속도와 우리가 사회적으로 생각하고 적응할 수 있는 속도가 불일치한다. 허위 정보와 가짜 뉴스, 이미지 문제가 훨씬 더 커지고 해를 끼칠 수 있다. AI에 대한 규제나 남용을 처벌하는 법을 만들고, 인간의 가치에 부합하는 규칙뿐만 아니라 AI가 전 세계에 안전하게 할 수 있는 국가 간 조약을 만들어야 한다. 기업이 결정할 문제가 아니며 이는 AI 개발에 엔지니어뿐만 아니라 사회 과학자, 윤리학자, 철학자 등을 포함할 필요가 있다고 생각하는 이유"라고 설명했다.

중국 고전《한비자》에 모순(矛盾: 창과 방패)에 관한 설화說話가 있다. 작은 시골 시장에서 창과 방패를 함께 파는 상인이 '이 창은 어떤 방패도 뚫을 수 있습니다.'라고 선전하고 곧바로 방패를 들고 '이 방패는 어떤 창도 막아낼 수 있습니다.'라고 호객 행위를 했다. 그러자 한 구경꾼이 '그 창으로 방패를 뚫어 보시죠'라고 말하자, 상인은 아무런 말도 못하고 짐을 싸서 그 자리를 떠나

버렸다. 즉 모순이란 두 이론이 서로 상충되어 앞뒤가 안 맞는다는 뜻이다. 하지만 이 같은 모순의 역설이 전쟁 무기의 발전에 크게 이바지한 것만은 사실이다. 창은 방패를 뚫기 위해 더 예리해졌고, 방패는 창을 막기 위해 더 두꺼워졌다. 신기술의 발달이라는 창槍과 규제라는 방패防牌는 서로의 한계를 뛰어넘으면서 발전해 왔다. 비록 규제(방패)가 빠른 기술 발전(창)을 즉시 따라 잡지는 못하겠지만, 시행착오를 겪으면서 궁극적으로는 인공지능을 인간의 통제 안에 넣을 것이다.

그렇다면 어떻게 하면 기술 발전과 규제가 서로 상생相生 할 수 있을까? 서로의 장점을 살리는 조화調和가 필요하다. 그리고 인공지능이 인간의 통제를 벗어나지 않도록 주의를 기울여야 한다.

2 ⑤ 발전방향

가. 거대해진 AI 시장

지난 30년간 두 번의 혁신 기술이 등장했다 – 인터넷Internet과 스마트폰Smart Phone이다. 월드 와이드 웹www은 1989년 영국의 팀 버너스 리Tim Berners Lee에 의해 발명되었다. 스마트폰의 효시인 애플의 아이폰은 스티브 잡스Steve Jobs에 의해 2007년에 탄생되었다. 그 결과로 SNS(Social Network Service) 세상을 열렸고, 수많은 모바일 기업이 탄생하게 되었다.

2022년에 새로운 혁신 시장이 열렸다. 바로 AI 시장이다. 시장 조사업체에 의하면, AI 시장은 2021년 870억 달러 규모가 2024년에는 2,275억 달러로 3배 이상 커질 것이라고 했다. 2030년에는 20배 늘어난 약 1조 5900억 달러 규모가 될 것으로 전망하고 있다.

챗GPT의 등장은 미국 증권가에서도 큰 변화를 일으키고 있다. 챗GPT를 비롯한 AI 기술이 미국 주식 시장을 뒤흔들고 있으며, 기업들의 실적발표에서도 주요한 화두로 떠올랐다. 실제로 많은 기업의 주가는 AI 기술로 희비가 엇갈리고 있으며, AI 발전이 기업 및 산업, 현대 비즈니스까지 모두 영향을 주고 있는 것은 부인할 수 없는 사실이다.

나. 공룡들의 전쟁

1970년대까지의 냉전시대에는 미국과 소련(현 러시아)이 패권다툼을 했다. 21세기에는 미국과 중국의 신新냉전시대가 열리면서 정치.경제.기술 등 여러 방면에서 주도권 다툼을 하고 있다. 거대해진 AI시장에서도 기술 패권을 위해 미국과 중국이라는 두 공룡의 싸움이 시작되었다. AI는 초거대 빅테크의 전유물이라는 평가를 받고 있다. 그래서 미국과 중국을 AI G2(인공지능의 두 거인)라고 부른다. 두 공룡의 AI 시장에서 주도권 쟁탈 전쟁이 시작된 것이다.

미국은 민간 주도로 기술에서 우위를 점하고 있다. 세계 최대의 AI 기업인 MS와 Google을 필두로 메타Meta와 수많은 AI 신생

스타트업들과 치열한 기술 경쟁을 펼치고 있다.

반면에, 중국은 국가적 지원으로 우수한 개발 인력과 풍부한 자원에 중점을 두고 있다. 베이징 대학과 바이두, 화웨이를 중심으로 중화권中華圈과 제3세계를 대상으로 AI 사업에 총력을 기울이고 있다.

미국 스탠퍼드대 AI 연례 보고서인 'AI 인덱스 2023' 분석 보고서에 의하면, 중국이 세계 인공지능 연구 분야에서 미국을 앞섰지만 양국 AI 연구 협력은 지속 확대되는 추세로 나타났다. AI 기술 성능은 다양한 영역에서 정점에 도달했으며 하드웨어 고성능·저비용화로 연구 장벽이 완화되는 추세다.

AI 윤리 관련 사례는 지속 증가하는 가운데 AI 투자와 AI 직군에 대한 인력 수요도 높은 것으로 조사됐다. 연구소는 "AI R&D 급격한 성장세가 지속되며 중국이 미국을 뛰어넘는 양상이 전개되는 가운데 양국 간 연구 협력도 지속 확대되는 만큼 우리도 협력체계 대응이 필요하다. 원천기술 확보를 위해 컴퓨팅 인프라 (반도체, 클라우드, 슈퍼컴퓨터 등), 한계 개선을 위한 알고리즘, 양질의 데이터 보강 등 전방위적 대응에 박차를 가해야 한다."고 조언했다.

결국 어느 한 쪽이 독식할 수 있는 것이 아니라 '경쟁과 협력' 이라는 전략적 제휴가 최선의 해결책이 될 수밖에 없는 것이다.

마이크로소프트^{Microsoft}의 기선제압

기업간의 경쟁은 MS와 Google이라는 두 거대 플랫폼 공룡의 대결이 될 것이다. 그동안 검색 시장에서 한 자릿수의 점유율로 열세를 면치 못했던 MS는 새 검색 엔진 빙^{bing}을 통해 구글이 지배해 온 검색 시장을 재편하겠다는 계획을 갖고 있다. MS는 점유율을 1% 포인트 올릴 때마다 20억 달러의 수익을 늘릴 수 있을 것으로 기대하고 있다. 검색 시장에서 MS의 점유율은 한 자릿수에 지나지 않는다. 그래서 MS가 먼저 치고 나갔다. MS는 챗GPT를 개발한 '오픈 AI'에 직접 투자한 것은 물론 자사의 검색엔진 '빙'에 챗GPT를 적용하는 등 공격적으로 생성형 AI 경쟁에 나섰다. MS가 검색시장의 절대강자인 구글의 아성에 도전한 것이다. 게임 체인저^{Game changer}로 챗 GPT를 활용한 것이다. MS의 빙에 챗GPT를 탑재하여 검색 엔진 시장을 석권하려는 것이다.

MS가 챗GPT 시장에 적극적으로 뛰어들고 있는데 비해 그동안 검색시장을 장악했던 구글은 주춤하고 있었다. 코닥^{kodak}은 카메라의 대명사였다. 디지털 카메라가 나오자 결국 2012년 파산했다. 이를 두고 '코닥 모멘트^{Kodak Moment}'라고 한다. 제때 변하지 못하면 망하는 순간이 온다는 말이다. 구글이 '코닥 모멘트'에 빠진 것이 아닌가 하는 우려가 나왔다. MS가 최근 챗GPT에 공격적인 투자를 하고 있는데 비해 구글은 '바드^{bard}'라는 자체 챗봇을 개발하고 있지만 아직 이렇다 할 성과를 내지 못하고 있는 것을 빗 댄 것이다. MS는 챗GPT에 선제적 투자를 한 결과, 주가가 연일 급등하며 시가 총액이 2조 달러를 돌파해 시가 총액 1위 구글을 추월할 기세다.

사티아 나델라 최고경영자는 "챗GPT 탑재 후 검색 엔진 빙의 다운로드가 크게 증가했다. 현재 빙 하루 이용자가 1억명에 달한 다"고 밝힌 바 있다. MS는 빙을 누구나 이용할 수 있게 오픈함과 동시에 새로운 기능도 구축했다. 빙에게 묻고 답한 대화 기록을 남겨 이전 대화로 돌아갈 수도 있고, 대화 내용을 MS 워드 문서 파일로 보낼 수도 있다. 빙은 또 필요한 경우 대화 결과물을 이미 지나 영상으로 나타내기도 한다. 2023년 5월 19일 오픈AI는 전 격적으로 미국에서 애플 아이폰용 챗GPT 애플리케이션을 내놨 다. 챗GPT 앱은 출시 첫날 단번에 미국 앱스토어 무료 앱 순위 2위에 올랐다. 블룸버그 통신은 "아이폰 앱 출시로 챗GPT는 다 른 AI 챗봇보다 더 많은 사람들의 손끝에 놓일 수 있게 됐다"고 했다. 오픈AI는 구글 안드로이드용 앱도 추후 출시할 예정이라고 밝혔다. 최근 AI '바드'를 180개국에서 출시하며 챗GPT를 바짝 추격하고 있는 구글을 경계하기 위한 움직임일 수 있다는 분석 이다.

구글^{Google}의 반격

마이크로소프트^{MS}가 먼저 치고 나갔으나 구글이 반격하면서 모회사 알파벳^{Alphabet}의 주가가 연일 급등하고 있다. 전 세계 검색 시장의 80% 이상을 차지하고 있는 구글이 마이크로소프트^{MS}와 오픈AI 연합에 맞서 반격에 나섰다. 챗봇 바드^{Bard}가 지난 2월 공개 시연에서 오답을 내놓으면서 망신을 샀던 구글인 만큼 절치부심해 제대로 된 AI서비스를 선보일지 세계 IT 업계의 이목이 집중되고 있다. 차세대 초거대 AI언어모델(LLM), 멀티모달, 생성형 AI를 적용한 업무 툴 등 구글 개발자 대회에서 공개될 기술이 일부 유출되면서 기대감을 키우고 있다.

2023년 구글의 최대 화두는 단연 '생성형 AI'다. 특히 챗GPT를 탑재한 MS의 검색엔진 '뉴빙^{New-bing}'처럼 생성형 AI를 적용한 구글의 새 검색엔진을 볼 수 있을 전망이다. 구글은 새 AI 검색엔진 '프로젝트 마기^{Magi}'를 준비 중이다. 구글은 GPT-4에 대항할 차세대 초거대 언어모델^{LLM} '팜2^{PaLM2}'도 공개할 전망이다. 팜2는 광범위한 코딩도 짤 수 있는 데다, 특히 GPT 모델의 약점으로 알려진 복잡한 수학 문제도 해결하는 것으로 전해졌다. 오픈AI의 GPT-4처럼 자연어뿐만 아니라 이미지·음성 등 다양한 형태의 콘텐츠를 입력·생산할 수 있는 멀티모달 모델도 나올 것으로 기대된다. 구글은 AI 챗봇인 '바드^{Bard}'의 멀티모달 버전 '멀티바드^{Multi-Bard}'를 개발했다. 단어를 기반으로 이미지를 생성할 수 있는

'대화 상자'와 해당 옵션을 제공하는 '사이드 바'를 개발했다. 해당 기능이 적용되면, 초거대 AI 이미지 생성 모델 '달리Dall-E' 탑재한 MS의 뉴빙의 '빙 이미지 크리에이터'처럼 구글의 검색엔진에서도 이미지 생성 AI를 활용할 수 있을 전망이다.

'MS 365 코파일럿Copilot'에 맞설 '구글 워크스페이스 AI 콜라보레이터collaborator'도 주목된다. 구글은 지난 3월 생성AI를 적용한 생산성 도구 워크스페이스를 선보였으나, 2시간 뒤 공개된 오픈AI의 GPT-4와 이를 적용한 업무 툴 MS 365 코파일럿에 밀려 대중의 관심에서 사라졌다.

이에 구글은 생성AI 기능을 강화한 구글 닥스, 구글 슬라이드 앤 미트, 구글 시트 등 업무 툴에 생성AI를 적용한 제품을 공개할 예정이다. 순다이 피차이 구글 CEO는 실적발표에서 "구글 AI를 어떻게 활용하고 있는지 업데이트를 공유하겠다. 그리고 챗GPT와 GPT-4, 코파일럿 등을 공개하며 신드롬을 일으킨 오픈AI와 MS로부터 구글이 주도권을 다시 뺏어 올지 여부가 판가름 날 것이다"라고 자신만만했다. IT업계는 구글의 반격이 본격화할 것으로 기대하고 있다.

T I P 구글 바드^{Bard} 사용법

① 구글에서 바드 검색

② Meet Bard 클릭

③ Join waitlist 클릭

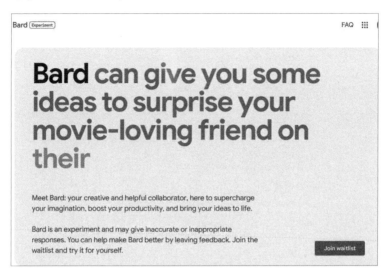

④ ☐ 체크 후 join waitlist 클릭

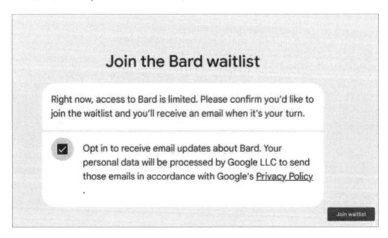

실전 사례로 배우는 챗GPT 활용법

⑤ 사용자승인대기 ➡ e-mail 확인

Bard can write some lyrics for your heartbreak anthem titled "Lovesick"

√ You've been added to the waitlist!

Thanks for your interest in Bard. You'll receive an email when it's your turn.

⑥ 구글 e-mail 확인 ➡ 두 개 메일이 순차적으로 내도

| ② | Bard, an AI experim. | It's your turn to try Bard - Meet your creative and |
| ① | Bard, an AI experim. | You've been added to the waitlist - We'll let you |

⑦ 2번째 메일 클릭 ➡ Take it for a spin 클릭

It's your turn to try Bard

Welcome to Bard, your creative and helpful collaborator, here to supercharge your imagination, boost your productivity, and bring your ideas to life. Your feedback helps Bard improve its responses.

Take it for a spin

For information on how Google will use your information and interactions with Bard, please see our FAQ page.

Thank you for trying Bard.

⑧ 약관 및 개인정보 동의 ➜ I agree 동의

Google

Terms & Privacy

Your data and Bard

This notice and our Privacy Policy describe how Bard handles your data. Please read them carefully. Visit your Google Account to access settings and tools that let you safeguard your data and protect your privacy.

Google LLC (Google) collects your Bard conversations, related product usage information, the general area that you're in (learn more), and your feedback. Google uses this data, consistent with our Privacy Policy, to provide, improve, and develop Google products and services and machine-learning technologies, including Google's enterprise products such as Google Cloud.

By default, Google stores this information with your Google Account for up to 18 months (you can turn off auto-delete or change your auto-delete option to 3 or 36 months at myactivity.google.com/product/bard). To help with quality and improve our products, human reviewers read, annotate, and process your Bard conversations. We take steps to protect your privacy as part of this process. This includes disconnecting your conversations with Bard from your Google Account before reviewers see or annotate them. **Please do not include**

No thanks   I agree

⑨ Bard가 안전하지 않음을 경고 ➜ continue 클릭

Bard is an experiment

As you try Bard, please remember:

Bard will not always get it right
Bard may give inaccurate or inappropriate responses. When in doubt, use the "Google it" button to check Bard's responses.

Bard will get better with your feedback
Please rate responses and flag anything that may be offensive or unsafe.

Continue

⑩ 바드 입력창에 질문을 입력해 대화 시작

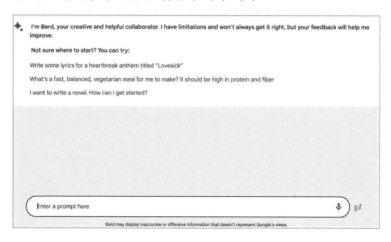

국내의 두 공룡 – 네이버와 카카오

한국의 IT 시장은 전 세계의 3% 밖에 안되는 작은 규모지만 그 중요성은 남다르다. 비록 시장은 작지만 IT 기술에 대한 이해도와 발전이 빠르고 사용자 빈도가 높기 때문이다. 그래서 글로벌 IT기업들이 신제품이 나오면 제일 먼저 한국을 테스트 베드test bed로 활용하고 있다. 그런 맥락에서 구글의 '바드'도 한국어 지원을 우선적으로 서비스하게 된 것이다.

국내 AI 산업 전망에 대해선 전문가는 "한 회사가 인공범용지능을 통일하지 않고, 다극 체제가 되리라 보며, 한국어 AI 생성 모델을 추진하면서 글로벌 플레이어들과 협력해 우리가 강점을 가진 채팅 인터페이스로 경쟁력을 확보할 수 있을 것"이라고 전망했다. 국내 양대 플랫폼 기업인 네이버와 카카오가 기업용 인공지능 서비스 시장에서도 치열한 경쟁을 펼칠 전망이다. 양사 모두 물밑에서 상용 서비스 출시 준비에 전력을 기울이고 있다. '외산 AI'에 맞서 네이버와 카카오는 각각 '국민 포털 네이버', '국민 메신저 카카오톡'이라는 강력한 플랫폼을 주된 사용자 매개체로 삼아 접근성을 극대화한 '한국형(K)-모델'을 내놓겠다는 전략을 갖고 있다. 기술적으로 구글 바드나 오픈AI의 챗GPT가 파운데이션 모델의 '성능'을 강조하고 있다면, 네이버와 카카오는 외산 AI와 차별화된 지점으로 '한국어를 더 잘하는 AI'는 기본, '국내 사용자에 더 익숙한 UX(사용자 경험)'를 갖추고 있다는 점을 부각하겠다는 계획이다.

네이버는 "동종업계가 해결해주지 못하는 주문제작customization과 데이터 보호 관련 이슈들을 더욱 잘 해결하는 고객 맞춤형 서비스를 선보일 예정으로, 특히 일본에서는 연내 라인웍스, 네이버웍스와 같은 생산성 도구에 하이퍼클로바X를 접목한 기업을 위한 서비스를 선보기 위해 현재 네이버의 기업용 소프트웨어를 AI와 결합한 플랫폼으로 확장하는 프로젝트도 진행 중"이라고 소개했다. 또한 오는 3분기에 차세대 AI 챗봇 '서치GPT'를 대중 서비스로 내놓을 계획이다. 올 상반기 중으로 사내 임직원 대

실전 사례로 배우는 챗GPT 활용법

상 비공개 테스트를 진행하고, 이후 일반 이용자 대상으로 최종 점검을 한 후 최종 모델을 출시할 예정이다.

카카오는 한국어 특화 초거대 AI 모델 '코GPT'의 업그레이드 버전인 '코GPT 2.0'을 올 하반기 공개하기로 했다. 카카오의 AI 자회사 카카오브레인을 통해 자사 초거대 AI 모델인 '코KOGPT' 의 차세대 버전인 '코GPT2.0'을 올 하반기에 내놓겠다는 계획과 동시에 전략적으로 구글 등 빅테크와 AI 사업을 협력할 수 있다는 가능성을 열어 두었다. 카카오는 상반기 중 메시지 기반의 AI 챗봇 서비스를 테스트하면서 실사용 데이터를 확보해 모델을 고도화하고, 하반기 중으로 매개변수와 데이터 토큰의 규모가 확장된 코GPT 2.0의 공개를 목표로 하고 있다. 그리고 코GPT 2.0의 경쟁력에 대해 파라미터나 데이터가 부족할 수 있지만, 한국어를 특화한 모델로는 부족함이 없을 것이라고 했다. 또 다른 자회사 카카오헬스케어는 기업 간 거래 영역에서 의료기관이 보유한 임상 데이터와 의무 기록을 표준화하고 디지털화해 연구기관이나 헬스케어 기업이 이들 데이터를 활용할 수 있도록 구현한 제품을 이번 분기에 시장에 선보일 예정이다. 기업과 소비자 간 거래 영역에서는 당뇨병 환자나 혈당 관리가 필요한 사람을 대상으로 연속 혈당 측정기와 연동된 데이터와 개인의 일상을 자동으로 인지해 저장한 기록을 AI로 분석하고, 식이요법이나 운동 제안과 같은 생활 지침을 제공하는 플랫폼을 2023년 4분기에 출시할 계획이다.

AI를 미래 먹거리로 점 찍은 네이버와 카카오가 챗GPT와 같은 생성형 AI를 업무에 도입해 생산성을 높이려는 기업의 수요에 부응하며 관련 시장을 선점하려는 경쟁이 본격화한 것으로 풀이된다. 토종 두 기업의 경쟁이 세계 AI시장에는 큰 영향을 줄 것 같지는 않지만 그래도 토착 시장의 선점을 위한 와각지쟁(蝸角之爭: 달팽이 뿔 위의 싸움)이 본격적으로 시작되었다.

다. 숨은 강자: 엔비디아^{NVIDIA}

"인공지능^{AI} 열풍으로 반도체가 부족하다. 마치 코로나19 대유행 초기 화장실 휴지가 부족한 것과 같다." 증권가의 한 매체가 5월 29일 AI에 사용되는 반도체인 그래픽처리장치^{GPU} 공급이 수요를 따라가지 못해, 이를 확보하기 위한 경쟁이 벌어지고 있다고 보도했다.

최근 엔비디아의 열풍이 대단하다. 엔비디아는 AI시장의 숨은 강자로 강소強小기업이다. AI의 머신러닝을 구동하는데 필수적인 그래픽처리장치^{GPU}를 생산하는 미국의 반도체 생산 기업이다. 1993년 창업한 엔비디아의 GPU 제품은 당초 게임용으로 개발했으나, 가상화폐 채굴과 최근에 AI 활용까지 그 폭을 크게 넓히고 있다.

2023년 6월 23일 앤비디아 주가가 422.09달러로 마감되어 시가총액 1조100억 달러로 종가 기준으로 1조 달러를 넘었다. 시가총액이 1조 달러를 넘는 기업은 애플, 마이크로소프트, 알파벳, 아마존 등 6개사인데 앤비디아가 7번째가 되었다. 이처럼 급등한 이유는 생성형 AI 성능이 좋아지면서 GPU 수요가 늘어난 데다 챗GPT가 세계의 관심을 끈 이후 구글을 비롯해 마이크로소프트MS, 아마존과 같은 대형 정보통신 기업이 AI 기술 개발에 뛰어들면서 수요는 무한 확장 중이다. 이에 GPU 공급이 수요를 따라가지 못하는 상황이다. 이런 상승세에 덕분에 AI 연산에 필요한 메모리 반도체를 만드는 삼성전자·SK하이닉스 등 한국 기업의 반사이익도 예상된다. 6월 23일 현재 삼성전자는 7만원을 돌파했고, SK하이닉스는 11만원을 넘었다.

"인공지능이 적용되는 분야는 모든 제조업으로 확장될 것입니다. 생성형 AI는 클라우드를 시작으로 엔터테인먼트 분야를 거쳐 자동화 공장 및 자동화 로봇 등 중후장대 산업 전반에 적용될 것입니다. 앤비디아는 생성형 AI의 심장으로 불리는 제품(GPU)을 만들고 있습니다. 회사의 미래가 챗GPT에 달려 있습니다. 챗GPT가 아이폰 등과 같이 IT업계의 '게임 체인저'가 될 것입니다. 오픈 AI의 챗GPT, 마이크로소프트의 빙, 구글의 바드와 같은 챗봇이 향후 IT업계를 지배할 것이며 이에 따라 AI에 보다 적합하고 강력한 칩의 수요가 급증할 것입니다."라고 젠슨 황Jenson Hwang 엔비디아 창업자 겸 최고경영자는 강조하고 있다.

엔비디아 최근 1년간 주가 변동 차트(22.6.19~ 23.6.23)

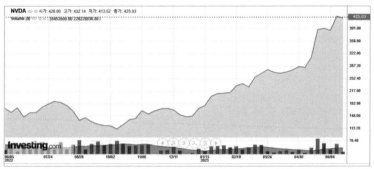

TIP 주가 예측이 가능할까?

챗GPT가 주가 변동을 예측할 수 있다는 연구 결과가 나왔다. 미국 플로리다대의 알레한드로 로페즈 리 금융학 교수의 실험을 인용해 "챗GPT가 뉴스 기사 제목으로 특정 주식의 주가 변동을 예측할 수 있다"고 했다. 연구팀은 챗GPT로 수행한 실험 결과를 공개했다. 연구팀은 특정 주식에 대한 AI의 답변을 토대로 수치로 만든 챗GPT 점수를 계산해 해당 주식의 움직임을 관찰했다.

실전 사례로 배우는 챗GPT 활용법

그 결과 챗GPT의 점수가 높은 주식들이 그렇지 않은 주식들에 비해 수익률이 좋았다. 연구팀은 "다만 챗GPT는 투자와 관련된 수학적 연산이나 목표 가격을 설정하는 등 일부 복잡한 투자 기법은 따라하지 못했다. 또 더 많은 사람들이 챗GPT의 예측 기법을 사용해 호재와 악재의 영향이 더욱 빠르게 주가에 반영된다면 챗GPT의 수익 예측 능력은 떨어질 수밖에 없다"고 설명했다. 증권 시장 정보는 언어 등 다른 데이터와 달리 변수가 많아 시장 움직임을 설명하거나 예측하기 더 어렵다는 의미다.

4월 27일 영국에서도 비슷한 실험을 했다. 챗GPT에게 향후 몇 주간 가치가 상승할 주식 5종목을 추천해 달라고 물었다. 챗GPT가 꼽은 5개 종목은 존슨앤존슨, 비자, P&G, 마이크로소프트, 코카콜라로 모두 미국의 다국적 기업이었다. 영국 증시 상장 주식을 추천한 종목은 대형주인 유니레버, 아스트라제네카, 글락소스미스클라인, BP, HSBC였다.

5월 16일까지 3주 동안 펀드매니저들과 인덱스펀드, 챗GPT 추천주의 성과를 비교한 결과 챗GPT의 평균 수익률이 더 높게 나타났다. 펀드매니저가 운용하는 미국 주식형 펀드는 수익을 냈으며, 미국 주식 인덱스펀드는 손해를 입었다. 영국 주식의 경우 챗GPT 추천 종목은 수익을 냈다. 반면 인덱스펀드와 주식형펀드 모두 손실을 냈다. 이번 비교로는 평가 기간이 짧아서 정확한 결론을 도출하기 어렵다고 판단했다. 챗GPT는 포트폴리오의 약

87%를 미국 기업으로 구성하는 등 편중되어 있었다. 전문가들은 AI의 추천 종목에는 미국 주식이나 기술주, 대형주 중심의 블루칩Blue chip으로 편향되는 경향이 있다. AI가 방대한 양의 자료를 가공하다 보니 AI 펀드가 택하는 주식은 불가피하게 글로벌 거대 기업에 편중될 수밖에 없었다. 숨겨진 보석을 찾아야 큰 수익을 낼 수 있는데 챗GPT로는 성장 잠재력이 있는 종목을 찾기는 어려울 것이라고 분석했다.

워렌 버핏 회장은 챗GPT 등이 경제, 사회에 주는 영향을 묻는 질문에 "모르겠다. 문제는 아무도 모른다는 것"이라고 말했다. 챗GPT 열풍에 대해서는 "원자폭탄과 유사하며 매우 위험하다. 인공지능이 세상의 모든 것을 바꿀 것이라고 기대하지만 AI가 인간의 지능을 능가할 것이라고는 생각하지 않는다"고 다소 부정적인 의견을 밝혔다.

결론적으로 단기 주가 예측은 자료의 한계 때문에 거의 불가능하고, 중장기 포트폴리오 구성에는 참고할 만하다는 평가이다. 단기 예측은 단지 과거의 추세만으로 판단할 수 없는 것이다. 추세 외에 시시각각 변화하는 변동성을 추가 분석할 수 있는 예리함과 성장 가능성을 간파할 수 있는 전문가의 예지력銳智力- 즉 촉觸이 필요하다. 이 영역은 인공지능이 넘볼 수 없는 인간 최후의 보루인 것이다.

실전 사례로 배우는 챗GPT 활용법

〈NVIDIA 주식에 대해 물어보았다.〉

챗GPT는 2021년 9월까지의 정보만 가지고 있어 주가전망을 할 수 없다고 답변했다. 그래서 빙ChatGPT에게도 같은 질문을 해보았다.

Q. NVIDIA 주식 내년 전망을 알려주세요?

A. 죄송합니다. 하지만 주식 시장에 대한 예측이나 특정 주식에 대한 투자 전망을 제공할 수는 없습니다. 주식 시장은 복잡하고 예측하기 어렵기 때문에, 정확한 예측을 제공하기 어렵습니다. 또한, 주식 시장은 다양한 요인에 의해 영향을 받고 변동성이 높을 수 있습니다. 주식 투자나 투자 결정을 하실 때에는 전문적인 금융 컨설턴트나 경제 전문가의 조언을 구하는 것이 좋습니다. 그들은 실질적인 조사와 분석을 통해 투자 전략을 제시할 수 있습니다. 또한, 주식 시장에 대한 최신 정보를 제공하는 금융 뉴스 및 기업의 재무 보고서를 참고하는 것도 도움이 될 수 있습니다.

> **S** NVIDIA 주식 내년 전망에 대해 알려주세요?
>
> 죄송합니다. 하지만 주식 시장에 대한 예측이나 특정 주식에 대한 투자 전망을 제공할 수는 없습니다. 주식 시장은 복잡하고 예측하기 어렵기 때문에, 정확한 예측을 제공하기 어렵습니다. 또한, 주식 시장은 다양한 요인에 의해 영향을 받고 변동성이 높을 수 있습니다.
>
> 주식 투자나 투자 결정을 하실 때에는 전문적인 금융 컨설턴트나 경제 전문가의 조언을 구하는 것이 좋습니다. 그들은 실질적인 조사와 분석을 통해 투자 전략을 제시할 수 있습니다. 또한, 주식 시장에 대한 최신 정보를 제공하는 금융 뉴스 및 기업의 재무 보고서를 참고하는 것도 도움이 될 수 있습니다.

지니를 이용해 질문을 번역해 다시 물어보았다.

Q. Please provide an outlook for NVIDIA stock next year

A. AI 언어 모델로서 실시간 데이터나 미래 주가를 예측할 수 있는 능력이 없습니다. 주가는 시장 상황, 회사 실적, 업계 동향, 글로벌 이벤트 등 예측할 수 없는 다양한 요인의 영향을 받는다는 점에 유의해야 합니다.

　Nvidia 주식이나 다른 주식에 대한 전망을 예측하는 데 관심이 있다면 철저한 조사를 수행하고, 재무제표를 분석하고, 회사의 경쟁적 위치를 고려하고, 관련 뉴스 및 시장 동향에 대한 최신 정보를 유지하는 것이 좋습니다. 또한 재무 고문이나 투자 전문가와 상담하면 특정 투자 목표 및 위험 허용 범위에 맞는 귀중한 통찰력을 얻을 수 있습니다.

빙ChatGPT와의 대화

Q. NVIDIA 주식 내년 전망을 알려주세요?

A. 엔비디아 주식에 대한 전망은 다양합니다. wonforecast.com에서는 2023년 6월의 엔비디아 주가 전망을 시세는 299 달러부터 시작하고 최대 321, 최소 299 으로 예측되며 평균은 309라고 합니다. 또한 박선생의 데이터 센터에서는 현재 엔비디아 주가는 고점 대비하여 20% 이상 하락을 하고 있으며 지난 1년간 엔비디아 주식이 두 배가 상승했는데

요. 지난 3년을 보면 600% 이상 상승을 했고 2017년 이후로 1,000%나 상승했다고 합니다. 하지만 엔비디아의 실적 전망이 그리 밝지 않은 것이 사실입니다. 엔비디아의 2026년 주가 전망은 경기 침체, 대중국 반도체 수출 규제, PC 수요 감소, 반도체 재고 문제 등 여러 가지 악재로 인해 그리 밝지 않다고 합니다.

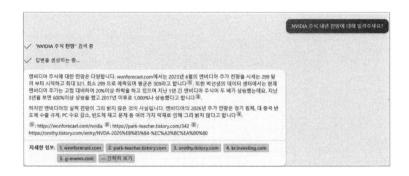

최근정보를 수집해 주가전망을 제공했다. 그래서 내일의 주가를 물어보았다.

Q. NVIDIA의 내일 주가에 대해 알려주세요?

A. NVIDIA의 내일 주가에 대한 정보는 찾을 수 없습니다. 하지만 WalletInvestor는 분석가들은 NVIDIA의 주가가 향후 몇 년 동안 계속해서 오를 수 있다고 예측합니다. 그들의 예측에 따르면 NVIDIA의 주가는 2024년 말까지 $1,116,600에 도달할 수 있으며 이는 현재 가격에서 37.47%의 잠재적인 증가를 나타냅니다.

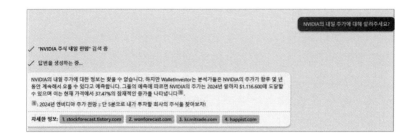

투자분석가들의 전망을 참고해 시장에서 주가가 고평가 되어있는지 또는 저평가 되어있는지를 알려주고 있다. 챗GPT나 최신정보를 검색해 필요한 정보를 제공하는 빙ChatGPT나 시시각각으로 변화하는 시장상황을 분석해 내일의 주가를 예측하기에는 한계가 있는 것으로 보인다.

다만 중·장기적인 추세분석에는 참고할 수 있을 것이다.

실전 사례로 배우는 챗GPT 활용법

3 ⑤ 산업계의 지각변동

인류는 공룡을 멸종시킨 혹독한 빙하기를 견뎌 내면서 만물의 영장이 되었다. 우수한 두뇌로 문명의 이기利器인 각종 도구를 발명해 살아남은 것이다. 인간은 사냥과 열매 채취로 생존했던 원시 수렵사회에서, 동물을 길들여 가축을 만들었고 작물을 심어 농경사회로 발전시켰다. 기계의 발명으로 산업사회가 시작되면서 농민들은 공장으로 흘러 들어갔다. 다시 전자통신의 발달로 정보화 시대가 됨에 따라, 블루 칼라(노동자)는 화이트 칼라(사무직)로 대이동을 하게 되었다. 이와 같은 변화를 '혁명革命'이라고 부르지만 사실은 숙명적인 '진화進化'이다. 이제 다시 한번 AI의 출현으로 산업 사회에 새로운 진화가 예상되고 있다.

2022년까지 선풍적인 인기를 얻었던 구글 음성인식 비서인 구글 어시스턴트는 2023년에 무대에서 완전히 사라진 최첨단 기술 서비스이다. 구글 어시스턴트는 '헤이 구글Hey Google'하고 부르면 날씨 확인부터 간단한 정보 검색 기능을 제공했다. 하지만 지난해 11월 챗GPT가 출시된 이후 이용자들의 대화형 검색에 익숙해지면서 사라지게 되었다. 비단 기술이 사라지는 것이 문제가 아니라, 일자리가 같이 사라진다는 것이 더 큰 문제이다. 2023년 세계경제포럼WEF에서 전문가들은 기존의 일자리의 25% 정도가 변화의 소용돌이에 휘말리고, 일자리가 2천 6백만개가 사라질 수 있다고 예측하고 있다. AI가 경제에 미칠 악영향 중 가장 심각한 것은 수많은 일자리가 사라지고 인공지능을 활용하는 거대 기업만 살아남게 되었다는 점이다. 그리고 정치적으로는 독재가 가능해질 수도 있고, 청년에게 기회가 사라질 수도 있다는 우려도 낳고 있다.

챗GPT와 같은 생성형 인공지능의 발달로 여러 직업군이 위협받고 있으며, 곧 인간의 일자리를 대체할 수 있다는 우려가 이미 여러 직종에서는 현실화하고 있다. 미국 펜실베이니아 대학교 와튼 스쿨 몰릭 부교수는 "과거 자동화의 위협은 어렵고 더러우며 반복적인 작업에 관한 것이었지만 AI가 이제는 높은 학력이 필요한 가장 고소득이며 가장 창의적인 일을 정면으로 겨냥한다"고 설명했다. 미국 투자은행 골드만삭스는 지난 3월 생성형 AI가 전 세계에서 3억개의 정규직 일자리에 영향을 줄 수 있으며 화이트칼라 일자리가 가장 큰 영향을 받을 것으로 예상했다.

미국 백악관도 지난해 12월 "AI가 일상적이지 않은 업무를 자동화할 수 있는 잠재력이 있으며 많은 인력이 잠재적인 지장을 받을 수 있다"고 경고했다. 미국 블루먼솔 의원은 "AI로 인한 산업혁명 때문에 수백만 명의 노동자가 이동하고 엄청나게 많은 일자리가 사라질 수 있다"고 지적했다.

그동안 단순 업무를 취급했던 현금출납원, 사무 행정보조, 경리 등이 사라지고, 빅데이터 분석, 기계학습, 사이버 보안 등은 30%가 증가할 것이라고 전망됐다. 반면에 알트먼은 AI 기술이 일부 일자리를 완전히 자동화할 수 있지만 더 나은 새 일자리를 만들어 낼 수 있을 것이라며 정부에 과도기적 지원을 요구하기도 했다.

가장 먼저 타격을 받은 곳은 미국 온라인 교육업체로 직격탄을 맞았다. 뉴욕 증시에서 미 인터넷 교육업체 체그Chegg의 주가는 전날보다 48.5% 급락으로 마감했다. 이는 역대 가장 낮은 수준으로, 하루 만에 시가총액이 10억 달러가 증발했다. 학생들이 챗GPT에 궁금한 것을 물어보면서 이 기업의 신규 고객 가입이 둔화할 것으로 예상되었기 때문이다. 온라인 교육 업체뿐만 아니라 오프라인 교육에도 변화가 일어날 것이다. 미래의 교육환경이 새롭게 변화할 것이다. 초개인超個人 맞춤형 교육의 대중화로 전환될 것이다. 다수를 대상으로 하는 집합교육이 아니라 1대 1 개인별 특화된 맞춤 교육이 가능해지는 것이다.

광고업계 역시 직격탄을 맞았다. 기존의 광고들이 사용자 제작 중심에서 인공지능 제작으로 변화가 시작되었다. 보다 쉽고 빠른 카피라이팅, 콘셉트 디자인을 인공지능이 대체할 것이다. 실제로 미국의 올리비아 립킨은 한 기술 스타트업에서 유일한 카피라이터로 일하고 있었다. 그는 2022년 11월 챗GPT가 출시됐을 때 별 영향이 없을 것으로 생각했다. 하지만 몇 달간 그의 업무는 줄어들었고, 결국 지난 4월 립킨은 아무 설명 없이 해고당했다. 회사 관리자들은 챗GPT를 쓰는 것이 카피라이터에게 급여를 주는 것보다 더 저렴하다고 했다.

보건 의료부분에서도 변화가 감지되고 있다. 지금보다 나은 양질의 헬스케어가 이루어질 것이다. 법조계 역시 좌불안석이다. 법률 상담에도 큰 변화가 예상되며, 더 많은 고객에게 고품질 법률 서비스가 무료로 제공될 것이다. 금융 컨설팅 부문에서도 상담 업무가 인공지능 금융 컨설턴트로 대체될 것이다.

언론계 역시 피해갈 수는 없다. 유럽 최대 판매 부수를 가진 독일 타블로이드 신문 빌트BILD가 앞으로 일련의 편집 업무를 인공지능으로 대체할 계획이라고 밝혔다. 챗GPT와 같은 AI 도구들이 더 좋게 만들거나 아니면 대체할 것이라면서 완전한 디지털 미디어로의 전환을 선언했다. 편집자와 인쇄 제작 지원, 교정원, 사진 편집자의 일자리가 지금처럼 존재하지 않을 것이다. 인공지능이 정보를 종합하는 업무에서 조만간 기자들을 앞지를 것이라면서 탐사 저널리즘과 독창적인 논평처럼 최고의 자체 콘텐츠를 생산하는 발행자만이 살아남게 될 것이다. 기자記者 역시 예외는 아니다. 많은 언론 매체들은 챗GPT를 실제 업무에 활용해 본 결과 수많은 기자의 자리가 위협받기에 충분하다. 아직까지는 챗GPT의 경우 기사 작성 자체는 인간의 수준을 따라잡기에는 여전히 부족한 부분이 많다. 사실관계가 명확하지 않은 것들을 나열해 신뢰성이 낮고, 현장을 직접 취재할 수 없다는 약점도 있다. 하지만 기사를 위한 그래프 등 도표 작성은 AI의 속도와 정확성을 따라갈 수 없고, 문장 교열은 AI가 훨씬 정확하다. 결국 AI를 더 잘 활용해, 더 높은 효율성을 창출해 내는 기자만이 살아남게 될 것이다.

그렇지만 AI의 시대에도 당분간은 인간만이 할 수 있는 영역이 있다. 카피라이팅이나 번역·작성, 법률 보조와 같은 일은 특히 AI로 대체될 위험에 처해 있지만, 고급 법률 분석이나 창의적 글쓰기, 예술 분야는 인간이 여전히 AI를 능가하기 때문에 쉽게 대체되지 않을 수 있다.

OTT (over the top) 회사들은 데이터를 바탕으로 사용자가 무엇을 원하는지 예측하고자 하지만, AI의 예측이 항상 성공하는 것은 아니다. 최첨단 알고리즘이라고 해도 인간의 욕망의 변화를 수치화하기란 어렵기 때문이다. 의사와 기업 임원, 운동선수, 기상학자, 디자이너, 작가 등의 창의적 발상이 필요하기 때문이다. 그리고 인간의 적응력과 창의성은 기계의 예측력을 능가하기 때문이다.

인공지능은 산업계뿐만 아니라 문학계, 예술 영역까지도 변화를 주고 있다.

예술계에서 쟁점이 되는 것은 두 가지—예술 작품성 인정과 저작권 시비이다.

2022년 8월 미국의 한 미술대회에 출품된 AI 제작한 '스페이스 오페라 극장'라는 작품이 디지털아트 부문에서 1등을 차지했다. 사전에 AI를 이용했음을 밝혔기 때문에 수상 취소는 되지 않았다. 하지만 사람이 요구하는 것들을 만들어 냈기 때문에 AI 창작물은 아직까지는 예술 작품으로 받아들이기는 어려운 것 같다. 최초로 사진 기술이 발명되었을 때 미술계는 강하게 반발하여, 사진을 예술작품으로 인정하지 않았다.

프랑스 시인 샤를 보들레르는 "이 산업(사진)은 예술의 영역을 침범함으로써 예술의 가장 치명적인 적敵이 됐다."고 말하며, 사진이 예술의 품격을 망가트릴 것이라 맹비난했다. 그럼에도 불구하고 지금은 사진도 엄연한 예술의 한 부문을 차지하고 있다. 마찬가지로 언젠가는 인공지능이 예술 작품을 창작해 낼 수 있을 것이고 그 작품을 예술로 받아들여질 때가 올 것이다.

　AI창작물에 대한 저작권 시비는 최근 미국 언론사들에게 AI 저작권료를 요구하는 생성형 AI기업으로부터 압박이 점점 커지고 있다. AI가 만들어낸 콘텐츠에 저작권을 인정할 수 있는지, 인정한다면 누구에게 저작권이 귀속되는지, 저작권자의 허락 없이 AI에 학습시킨 데이터가 저작권 침해에 해당하는지 등이 모두 해결되지 않은 상태이다. 국내에서는 최근 광주과학기술원의 AI 작곡가 '이봄'이 만든 노래에 대해 한국음악저작권협회가 저작권료 지급과 관련해 갈등이 벌어졌다. 우리나라 저작권법상 저작물이란 '인간의 사상 또는 감정을 표현한 창작물'이어야 하므로 AI 작곡가에 저작권을 부여할 수 없다는 것이다. 민법 역시 법인격(법적인 권리의 주체)으로 자연인(사람)과 법인만 인정하므로 AI는 저작권을 가질 수 없다고 규정되어 있다. 그래서 AI작곡가인 '이봄' 외에 연구원이 저작자로 등록돼 있어 이들만 저작권료를 지급받는다.

　문학계도 인공지능의 영향력에서 벗어날 수는 없다. 중국의 한 언론매체는 2012년 중국 최초로 노벨문학상 수상자인 모옌이 챗 GPT를 사용해 동료 작가의 연설문을 작성했다고 보도했다.

그는 영화 〈붉은 수수밭〉의 원작소설 《홍까오량 가족》의 작가이다. 본명은 관모예管謨業이지만, 모옌莫言은 필명으로 글로만 뜻을 표할 뿐 "말하지 않는다"는 뜻이다. 그는 제자에게 동료의 정보를 넘겼더니, "순식간에 셰익스피어 스타일의 칭찬하는 단어 1000개 이상이 만들어졌다"고 했다. 신문은 "챗GPT가 어떻게 쓰였는지 정확하지는 않지만 챗GPT에 해당 단어들을 입력했고 이에 따라 문장이 만들어졌을 것으로 보인다"고 했고, 그를 AI를 활용해 글을 쓴 사실을 공개적으로 처음 인정한 노벨상 수상 작가라고 평가했다.

연설문뿐만 아니라 책을 쓴 사례도 있다. OpenAI의 인공지능 전문가 재스민 왕Jasmin Wang과 시인詩人 이안 토마스Ian Tomas가 챗GPT와 대화로 인생에 관한 194개의 질문에 대한 답으로 책을 만들었다. 챗GPT 가 쓴 최초의 책은 《챗 GPT, 인생의 질문에 답하다》이다.

챗GPT는 고대 이집트의 《사자死者의 서》, 《성서》, 모세오경의 《토라》, 노자의 《도덕경》 등 고대 철학과 종교를 섭렵했고, 중세의 마르쿠스 아우렐리우스 《명상록》과 신비주의자 루미의 시詩를 읽었다. 그리고 현대의 《빅터 플랭클의 죽음의 수용소에서》, 캐나다 음유 시인 레나드 코헨의 시詩까지 모두 학습하고 난 후에 인생에 관한 질문에 대해 답변을 한 것이다.

이제 인공지능이 책도 쓰는 시대가 되었다. 머지않은 미래에 인생상담뿐만 아니라 정신과 의사와의 상담도 인공지능으로 대체되는 시대가 머지않아 도래할 것이다.

일찍 일어나는 새가 벌레를 잡는다.

The early bird catches the worm.

실전 사례로 배우는 챗GPT 활용법

재앙인가,
축복인가?

'인공지능이 대화로 인간과 친숙해져 가면서 대화로 인간을 세뇌하여 인간을 지배할 것'이라고 《사피엔스Sapiens》를 쓴 저명한 인류학자인 유발 하라리Yuval Harari는 챗GPT에 대한 경고를 했다. 반면에 인공지능은 인간을 능가할 수 없다는 반론도 만만치 않다. 워렌 버핏Warren Buffet은 "인공지능이 세상의 모든 것을 바꿀 것이라고 기대하지만 AI가 인간의 지능을 능가할 것이라고 생각하지 않는다"고 말했다. 인간의 적응력과 창의성은 AI의 예측력을 능가한다고 강조한 것이다. 인공지능의 발달이 인류에게 축복이 될지, 아니면 재앙이 될지는 아무도 미래를 예측할 수는 없다.

그렇다고 미리 너무 겁낼 필요도 없다. 우리는 반드시 해결방안을 찾아낼 것이다.

인류는 진화를 거듭하면서 인터넷으로 가상공간을 만들고, 그 안에서 다른 사람들과 정보를 만날 수 있게 되었다. 인터넷에서는 사람과 정보를 만나려면 '검색search'을 해야 한다. 그 덕분에 검색 플랫폼 기업인 구글과 네이버가 크게 성장했다. SNS(Social Network Service)라는 새로운 세상을 만들어 냈다. 그 덕분에 우리의 생활도 아주 편리해졌다. 예전에는 약속장소를 약도를 그려주고 설명을 해도 찾아가기가 어려웠지만, 요즘은 주소만 가르쳐주면 네비게이션으로 손쉽게 찾아간다. 게다가 도로 상황도 실시간으로 업데이트되어 막힌 길을 피해 가장 빠른 경로까지 알려 준다. 이처럼 SNS 발달로 생활은 윤택해졌지만, 개인정보 유출과 가짜뉴스라는 부작용을 낳고 있는 것도 사실이다. 그렇지만 부작용보다는 유용한 점이 더 많기 때문에 우리 일상에서 없어서는 안될 물건으로 자리를 잡았다.

이제 인공지능을 활용한 챗봇이 등장해서 일일이 검색하고 읽고 편집하는 수고를 할 필요가 없어졌다. 챗봇에게 '대화chat'로 물어보면 인터넷상의 모든 정보를 종합해서 '대화'로 답을 알려 준다. 또한 챗봇은 모든 언어로 번역하여 모든 문화권, 시간, 공간을 뛰어넘어 연결해 준다. AI 혁명은 모든 산업에 영향을 미칠 것이고, AI 이전에 불가능했던 다양한 일들을 가능하게 만들어 줄 것이다.

그리스 신화에서 프로메테우스가 인간에게 불을 전해주었다고 한다. 신神의 영역인 불을 사용하게 된 인간에게 번영과 재앙을 동시에 가져다 주었다. 불은 잘 쓰면 매우 유용하지만, 잘못 사용하면 큰 재앙을 일으킨다. 그렇다고 불을 멀리할 수는 없다. 우리 생활에 필수적이기 때문에 잘 관리하면서 사용할 수밖에 없다. 인공지능도 불火과 같다. 인공지능 역시 유용하지만 부작용 또한 적지 않다. 그래서 필요한 사람이 목적에 맞게 적절히 사용하도록 하여야만 한다. 하루라도 먼저 배워서 잘 사용하면 그만큼 우리 생활이 훨씬 더 윤택해질 것이다.

오늘부터 챗GPT를 비서로 활용해 편리한 일상을 누려보도록 하자.

먼저 오면, 먼저 혜택을 받는다.

First come, First serve.

‖ 참고문헌 ‖

- 《챗GPT교육혁명》 정재영, 조현명, 황재운, 문명현, 김인재. 포르체 2023
- 《챗GPT 거대한 전환》 김수민, 백선환. RHK, 2023
- 《챗 GPT 인생의 질문에 답하다》 이언 토마스, 재스민 왕. 현대지성 2023.
- 《진짜 챗GPT활용법》 김준성, 유원준, 안상준. 위키북스 2023
- 《챗GPT업무사용 매뉴얼》 박경수. 한빛비즈 2023
- 《처음 만나는 파이썬》 가마타 마사히로 지음, 이동규 옮김. 제이펍 2017
- 《디지털경제 3.0》 김기홍. 법문사 2016
- 《투자에 대한 생각》 하워드 막스 지음, 김경미 옮김. 한올앰엔씨 2022
- 《피타고라스의 생각수업》 이광연 지음. 유노라이프 2023

실전 사례로 배우는
챗GPT 활용법

초판 1쇄 인쇄 2023년 9월 20일
초판 2쇄 발행 2023년 9월 28일

지은이　　김영안, 김재금, 류승열
발행인　　전익균

이사　　　김영진, 김기충
기획　　　권태형, 조양제
편집　　　전민서
디자인　　페이지제로
관리　　　이지현, 정정오
언론홍보　(주)새빛컴즈
마케팅　　팀메이츠
유통　　　새빛북스

펴낸곳 에이원북스
전화 (02) 2203-1996, (031) 427-4399 **팩스** (050) 4328-4393
출판문의 및 원고투고 이메일 svcoms@naver.com
등록번호 제215-92-61832호 **등록일자** 2010. 7. 12

값 19,000원
ISBN 979-11-91517-57-6 03320